Wolf Ritscher

Einführung in die systemische Soziale Arbeit mit Familien

2006

Über alle Rechte der deutschen Ausgabe verfügt Carl-Auer-Systeme Verlag und Verlagsbuchhandlung GmbH Heidelberg
Fotomechanische Wiedergabe nur mit Genehmigung des Verlages
Satz: Verlagsservice Hegele, Dossenheim
Umschlaggestaltung: Goebel/Riemer
Printed in Germany
Druck und Bindung: Freiburger Graphische Betriebe,www.fgb.de

ISBN 13: 978-3-89670-468-9
ISBN 10: 3-89670-468-0

Erste Auflage, 2006

Bibliografische Information Der Deutschen Bibliothek
Die Deutsche Bibliothek verzeichnet diese Publikation in der Deutschen Nationalbibliografie; detaillierte bibliografische Daten sind im Internet über http://dnb.ddb.de abrufbar.

Informationen zu unserem gesamten Programm, unseren Autoren und zum Verlag finden sie unter: **www.carl-auer.de.**

Wenn Sie unseren Newsletter zu aktuellen Neuerscheinungen und anderen Neuigkeiten abonnieren möchten, schicken Sie einfach eine leere E-Mail an: **carl-auer-info-on@carl-auer.de.**

Carl-Auer Verlag
Häusserstraße 14
69115 Heidelberg
Tel. 0 62 21-64 38 0
Fax 0 62 21-64 38 22
E-Mail: info@carl-auer.de

Inhalt

1. Der historische Zugang: Für die Soziale Arbeit mit Familien bedeutsame Pionierkonzepte der Familien- und Systemtherapie

Im Folgenden möchte ich drei unterschiedliche Zugänge zu familiären Wirklichkeiten in einem kurzen Überblick darstellen, die mit den Namen Helm Stierlin, Virginia Satir und Salvator Minuchin verknüpft sind. Alle drei Ansätze beschreiben die Familie als ein System. Von diesem Kreuzungspunkt aus gingen sie durchaus unterschiedliche Wege, auf denen es aber immer wieder neue und überraschende Berührungspunkte gibt. Dies zeigt sich vor allem in ihren Methoden, die viele Gemeinsamkeiten aufweisen.

Die Psychoanalyse wird zu Beginn gesondert skizziert, weil sie – neben Kybernetik, symbolischem Interaktionismus, Adlers Individualpsychologie und Bubers Dialogphilosophie – als eine der grundlegenden Wurzeln der Familientherapie gelten kann.

Die hier in einem historisch ausgerichteten Überblick beschriebenen Zugänge vermitteln eine Vielzahl von Konzepten und Techniken, die vor allem für die Praxis der systemischen Arbeit mit Familien immer noch von großer Bedeutung sind.

Ich werde innerhalb der Beschreibung jedes Ansatzes zunächst den übergeordneten theoretischen Rahmen skizzieren. Anschließend (vgl. ab Abschnitt 1.2.2) werden ihre wichtigsten theoretische Konzepte mit den auf sie bezogenen Handlungskonzepten verknüpft. Die theoretischen Konzepte sind in der linken Spalte der Tabellen dargestellt und drei Bereichen zugeordnet: Menschenbild und Sozialverständnis, Erkenntnistheorie und das aus Familie und Therapeutinnen gebildete Therapiesystem. Die einzelnen Begriffe werden kurz erläutert. In den rechten Spalten sind die Handlungskonzepte (u. a. Methoden und Techniken) aufgeführt, die in einem inneren Zusammenhang mit den theoretischen Begriffen stehen (zur weiteren Erläuterung der verwendeten Begriffe siehe Ritscher 2002a; von Schlippe u. Schweitzer 1996; Simon, Clement u. Stierlin 1999).

1.1 Die Psychoanalyse als eine historische Grundlegung der Familientherapie

Einige Basiskonzepte der freudschen Psychoanalyse haben über die Pioniere der Familientherapie – die zu einem großen Teil von der Psychoanalyse herkamen – Eingang in den familientherapeutischen Diskurs gefunden und sind m. E. auch für die heutige systemische Therapie und Soziale Arbeit sehr hilfreich:

- Aus dem zentralen Stellenwert der Kindheit für die Biografie lässt sich die große Bedeutung der Herkunftsfamilie für die „bezogene Individuation" (Stierlin 1994) und der darin entwickelten Bindungen zwischen dem Kind und seinen Eltern (zur Bindungstheorie siehe Spangler u. Zimmermann 1999) ableiten. Die zweigenerationale Sicht der Psychoanalyse auf die Herkunftsfamilie (Eltern und Kinder) wurde auf eine mindestens dreigenerationale ausgeweitet (Bowen 1972), und es wurde das Genogramm als grafische Darstellung der mehrgenerationalen Familienkonstellation eingeführt (Mc Goldrick u. Gerson 1990; Hildenbrand 2005; Musch-Grau u. Ritscher 2005b).
- Die modernen Neurowissenschaften (G. Roth 1997, 2001) und die empirische Psychologie (Grawe 2000) haben inzwischen die psychoanalytische Theorie des Unbewussten weitgehend bestätigt. In der Hypnotherapie Milton Ericksons wurde der Fokus auf die kreativen und konstruktiven Möglichkeiten des Unbewussten gelegt (Zeig 1995;

Schmidt 2005), und in dieser Version ist das Konzept des Unbewussten für die systemische Arbeit sehr hilfreich.

- Das Konzept von Übertragung und Gegenübertragung (Bauriedl 2004) impliziert die Beteiligung der Analytikerin am therapeutischen Geschehen und kann damit als eine Vorform der Idee des therapeutischen Systems interpretiert werden. Elkaim (1992) hat es in das systemische Konzept der gegenseitigen „Resonanz" transformiert und damit den wechselseitig aufeinander bezogenen Gedanken und Gefühlen einen wichtigen Platz im therapeutischen Prozess zuerkannt. Um die eigenen Gedanken und Gefühle als Botschaften über die aktuellen Beziehungen im Therapie- bzw. Hilfesystem professionell nutzen zu können, benötigt die Therapeutin bzw. Sozialarbeiterin eine geschärfte Selbstwahrnehmung, die auch über Selbsterfahrung in der eigenen Ausbildung gewonnen wird.
- Freuds Metapher des Wiederholungszwanges wird sowohl von der Familiensoziologie (siehe Kaiser 2005) als auch durch die Erfahrungen der therapeutischen Praxis in ihrer Bedeutung für die Familiendynamik bestätigt. Durch deren Bezug auf die Paar- und Familienkonstellation öffnet sich der Blick für unbewusste Beziehungsmuster, -bilder und -werte, die, aus der Herkunftsfamilie stammend, in die aktuelle Familie hineingetragen wurden und dort zu Konflikten, Reibungen und Missverständnissen führten (siehe Duss-von Werth 1996, S. 101).

Die u. a. auf der Grundlage dieser Konzepte entwickelte psychoanalytische Familientherapie hat darüber hinaus einige weitere nützliche Konstrukte in den familientherapeutischen Diskurs eingeführt:

- Die von der Göttinger Gruppe (Sperling et al. 1982) vertretene psychoanalytisch orientierte Mehrgenerationen-Familientherapie betont:
  - im Anschluss an Bowen (1972) die Verschiebung nicht gelöster Konflikte zwischen der Eltern- und Großelterngeneration auf die Enkelgeneration, die sich dort in Form markanter Symptome präsentieren;
  - im Anschluss an Boszormenyi-Nagy die Loyalität als das zwischen den Familienmitgliedern und zwischen den Generationen geknüpfte Band, um dessentwillen auch Symptome in Kauf genommen werden, wenn dadurch andere Familienmitglieder geschützt werden können;
  - im Anschluss an Freud die Bedeutung unbewusster Konflikte und Themen, ihrer Weitergabe an und ihrer Wiederholung durch die folgenden Generationen;
  - und ebenfalls im Anschluss an Freud (1914) die Bedeutung und Nutzung von Übertragungs- und Gegenübertragungsprozessen im therapeutischen Setting.
- Das Kollusionsmodell von Willi verweist auf das *unbewusst bleibende* Zusammen- und Wechselspiel von Partner und Partnerin, bei dem sie unterschiedliche Positionen einnehmen und auf unterschiedliche Phasen der psychischen Entwicklung regredieren (1975). Willi hat diese Idee der Kollusion später in sein Konzept der Ko-Evolution – das ist gemeinsames Wachsen im Rahmen von Partnerschaft und Familie – transformiert und damit ein „ökologisches Modell“ für Beziehungen entworfen (1985). In einem dritten Schritt kehrte er die Perspektive um und fragte nicht mehr nach dem Destruktiven und Trennenden in Beziehungen, sondern wandte sich der Frage zu: „Was hält Paare zusammen?“ (1991). Damit hat er die Pathologieorientierung der meisten therapeutischen Konzepte weit hinter sich gelassen und entdeckte dabei eine Vielzahl von hilfreichen Mustern für gelungene Beziehungen, z. B. die so oft als pathologisch

denunzierte Liebessymbiose, das gemeinsame evolutionäre Konstruieren einer inneren Landkarte der Beziehungsdyade oder die positive Bedeutung von Kindern für das gemeinsame Wachsen der Eltern.

- Das von Stierlin in den 60er-Jahren des vorigen Jahrhunderts entworfene Delegationsmodell (siehe Ritscher 2006a) lässt sich ebenfalls mit der Psychoanalyse in Zusammenhang bringen. Kinder werden notwendigerweise zu Delegierten ihrer Eltern, weil sie im Spiel der innerfamiliären Loyalität und emotionalen Bindung elterliche Aufträge im Rahmen ihrer „bezogenen Individuation" (Simon, Clement u. Stierlin 1999, S. 143 f.) übernehmen. Dadurch gewinnen sie an Bedeutung im Familiensystem, was wiederum ein positiver Impuls für ihre Selbstwertentwicklung sein kann. Überlastende Aufträge können zu einer „Entgleisung des Delegationsprozesses" (Stierlin 1982, S. 25) mit negativen Folgen für die „bezogene Individuation" (Stierlin 1994) führen.

Mag auch der theoretische Unterschied zwischen der psychoanalytischen und der systemischen Familienarbeit erheblich sein, so sind doch prinzipiell die beiden Modelle (siehe Bauriedl 2004) nicht unvereinbar, und die systemische Arbeit mit Familien verdankt der Psychoanalyse viele Anregungen, die auch bis heute ihren praktischen Wert erhalten haben.

1.2 Der systemisch-konstruktivistische Ansatz von Helm Stierlin und der Heidelberger Gruppe

1.2.1 Der theoretische Kontext

Stierlins Arbeiten fokussierten bis ca. 1978 auf die innerfamiliäre Beziehungsdynamik. Hier steht eine Sichtweise im Vordergrund, die das System als Organismus begreift, in dessen Rahmen das Verhältnis der einzelnen Systemelemente (z. B.

der Familienmitglieder und ihrer kommunikativen Handlungen) immer wieder neu ausbalanciert werden muss, damit Stabilität und Wachstum gesichert werden. Stierlin entwickelte sein (psychoanalytisch beeinflusstes) Delegationsmodell (Stierlin 1974, 1982; Ritscher 2006a), er betonte Begriffe wie Loyalität, Gerechtigkeitsbilanz und Mehrgenerationenperspektive (Stierlin 1982; Ritscher 2006a) und übertrug die von Hegel beschriebene dialektische Konstitution des Selbstbewusstseins auf kommunikative und familiäre Prozesse. Als richtungsweisend hierfür kann *Das Tun des Einen ist das Tun des Anderen* (Stierlin 1972) gelten.

In Hegels gesamtgeschichtlicher Schau des Weltgeistes werden die sich gegenüberstehenden Positionen des einen und des anderen aufgrund ihres kommunikativen Zusammentreffens und der darin möglichen gegenseitigen Abarbeitung miteinander versöhnt. Auf einer neuen Ebene bzw. in einer neuen Phase sind sie gemeinsam „aufgehoben“ und bilden eine neue Gestalt, die mehr ist als die Summe der beiden Teile. Bezogen auf die Dynamik in Familien, heißt dies, dass bisherige Positionen im Familiensystem durch das kommunikative Handeln aller Familienmitglieder (Familiendynamik) in einem neuen, differenzierteren Beziehungsmuster integriert und ausbalanciert werden. Z. B. lassen sich in einem ersten Schritt die Positionen der Stärke und Schwäche vertauschen. Wer schwach war, wird stark, wer stark war, schwach. Dadurch entsteht eine neue Möglichkeit der Identifikation mit dem jeweils anderen und damit eine neue Möglichkeit des Verstehens. In einem zweiten Schritt kann ein neues Meta-Beziehungsmuster gebildet werden. Es gesteht Partner und Partnerin die Chance zu, stark *und* schwach zu sein. In einer systemisch-familientherapeutischen Begrifflichkeit heißt das: Hier wird die Etablierung neuer Beziehungsregeln notwendig, die sich durch eine konstruktive Konfrontation von Partner und Partnerin in einem Klima der „positiven Gegenseitigkeit“ (Stierlin 1972) herauskristallisieren.

Produktiv finde ich die darin enthaltene Idee der Weiterentwicklung von Systemen durch Konflikte. Diesen wird damit eine produktive und konstruktive Kraft zugesprochen – eine wichtige Perspektive für Reframings in konfliktgeladenen Problemsystemen.

Bei Hegel geht es noch um endgültige Versöhnung. In der Familien- und Systemtherapie ist zwar eine Versöhnung der Gegensätze wünschenswert, z. B. durch die Einführung der Idee von Gerechtigkeit und einer ausgeglichenen „Gerechtigkeitsbilanz" (Stierlin 2005). Doch Versöhnung ist nicht immer möglich, denn Konflikte können auch zur Auflösung bisheriger Beziehungssysteme führen. Dann wird das Leben mit Brüchen, Verstrickungen und unabgeschlossenen Gestalten zum Thema der Familientherapie. Statt Versöhnung sind nun Coping-Strategien gefragt, Hilfen im Alltag, die schwierige Lebenssituationen und Krisen zu überbrücken ermöglichen. Vielleicht verbleibt die Idee der Versöhnung im Horizont des Lebens- und Veränderungsprozesses, vielleicht stellt sie sich gerade dann ein, wenn sie nicht sein Ziel ist.

Wenn wir Hegels Dialektik als die Idee eines unabgeschlossenen Prozesses verstehen, der gegensätzliche Positionen und ihre Beziehungen durch Konfrontation integriert und verändert, gewinnen wir die Perspektive einer wechselseitigen Abhängigkeit von Menschen in ihren sozialen Systemen. Die Gegensätzlichkeit des Entweder-oder löst sich auf zugunsten der Unterschiedlichkeit des Sowohl-als-auch. Krisen werden Risiko und Chance zugleich, und Nähe und Distanz sind gleichermaßen erlaubt. Beziehungen verändern sich in einem Prozess, der, ausgehend von kritischen Ereignissen, die Perspektive der Versöhnung als einer neuen Qualität eröffnet. Versöhnung meint in diesem Sinne die Auflösung von Gegensätzlichkeiten in einer Phase des Beziehungsprozesses, die sich in der nächsten Phase in neuer Gestalt präsentieren und dann wiederum neue Konflikte provozieren können. Versöhnung ist deshalb, psychologisch gesehen, ein prinzipiell unabschließbarer Prozess der Auflösung von Gegensätzen.

Ab ca. 1978 wurde für Stierlin und seine „Heidelberger Gruppe" der Konstruktivismus immer wichtiger.[1] Das Subjekt, bei Hegel noch ein Erfüllungsgehilfe des übergeordneten Weltgeistes, wurde nun zum Schöpfer seiner ganz eigenen Wirklichkeit, ohne dass dabei die Rückkoppelung mit der äußeren Umwelt außer Acht gelassen wurde. Stierlin übernahm die Konzepte des Konstruktivismus (siehe von Foerster 1999; Maturana u. Varela 1984; Watzlawick 1981) und versöhnte dessen pure subjektorientierte Sicht mit einer erkenntnistheoretischen Perspektive, durch die das die Wirklichkeit in seiner Wahrnehmung herstellende Subjekt der Umwelt durchaus einen eigenständigen Stellenwert zuweist. D. h., das Subjekt kann seine Umwelt nicht ignorieren, es muss sich ihrer Anregungen bedienen, um sie im eigenen Kopf neu herstellen zu können. Von Glasersfeld und andere Konstruktivisten unterscheiden z. B. zwischen der *Wirklichkeit*, die das Subjekt aufgrund eigener Bedeutungszuschreibungen mit einem hohen Freiheitsgrad herstellt – hier geht es um das Feld der Beziehungen, Fantasien und Gefühle – und der *Realität* (siehe Kraus 2006). Diese muss zwar auch subjektiv hergestellt werden, die Bedeutungszuschreibung hinsichtlich ihrer Bestandteile wird aber durch sozialisierte kulturelle Schablonen von den meisten Menschen einer Kultur ähnlich oder gleich vorgenommen – was die Risiken der Alltagsexistenz erheblich mindert. Eine Wand ist für die meisten keine Tür, und sie damit zu verwechseln dürfte sehr schmerzhafte Folgen haben, die sich jedermann gerne erspart. Stierlin trifft in diesem Zusammenhang die Unterscheidung zwischen „weicher" und „harter Realität". Bei der Konstruktion dieser Realitätsform ist die Sprache von besonderer Bedeutung (Stierlin 1990, 1992, 1999).

Harte Realitätsbeschreibungen sind immer dann wichtig, wenn es um die Akzeptanz eines gegebenen physischen bzw.

materiellen Kontextes geht. Bei einer Betonwand, die mir die Sicht versperrt, ist eine harte Realitätskonstruktion empfehlenswert; eine „Mit-dem-Kopf-durch-die-Wand-Strategie" der Realitätsbewältigung hätte hier schmerzhafte Folgen. In Beziehungswirklichkeiten hingegen ist es ratsam, *weiche* Realitätskonstruktionen zu bevorzugen. Sie gestatten ein Leben mit Gefühlsambivalenzen, widersprüchlichen Aussagen, Entscheidungsaufschüben und Meinungswechseln. Problematisch wird es, wenn Menschen nur über eine der beiden Formen verfügen, die dann kontextunabhängig und permanent eingesetzt wird. Durch harte Realitätskonstruktionen entstehen dann Betonmauern dort, wo sie nicht hilfreich sind. Beispiele hierfür sind undurchlässige, angstbesetzte Grenzen zwischen einer Familie und ihrem sozialen Umfeld, eine das korrigierende Feedback der Umwelt negierende Ursachenzuschreibung für bestimmte Ereignisse, z. B.: „Ich habe Schmerzen, weil ich von einer unbekannten Macht bestrahlt werde." Auch weiche Realitätskonstruktionen sind nicht immer hilfreich. Eine ständige Veränderung meiner persönlichen Identitätszuschreibung würde das soziale Umfeld nicht lange tolerieren. Hier ist eine *harte* Realitätskonstruktion gefragt: Ich bin ich und kein anderer. Weiche Realitätskonstruktionen können auch zu weich sein, z. B. wenn die Generationengrenze zwischen Vater und Tochter diffus wird. Dann wird der Unterschied zwischen seiner Frau und seiner Tochter negiert – sexuelle Gewalt könnte die Folge sein.

Die Sprache ist Stierlin zufolge das Medium unserer Realitätskonstruktionen. Sie kann als „harter" oder „weicher Ordner" (Stierlin 1990) die Realitätsbeschreibung organisieren. Ihre Funktion als „harter Ordner" gewinnt sie durch die Syntax, d. h. Regeln der Ordnung und Strukturierung sprachlicher Äußerungen und die darin begründeten Möglichkeiten einer digitalen „Ja-nein"-, „Entweder-oder"-, „Sein-Nichtsein"-, „Subjekt-Prädikat-Objekt"-Ordnung der Welt im Kopfe der Sprechenden. Dank der Semantik und die in ihr begründete „analoge

Struktur" (Watzlawick et al. 1972), d. h. die Möglichkeit der Gestaltung von Symbolen, Metaphern, Fantasiebildern, kann sie als „weicher Ordner" auftreten. Die Symbole etc. bilden ein Netz von Mehrfachbedeutungen, mit dessen Hilfe die Sprecherin Wirklichkeit immer wieder neu und anders „einfängt" und damit ihre Wirklichkeit konstruiert. Mithilfe der Metaphern „weiche" und „harte Realität" gelingt es Stierlin, aus den unfruchtbaren Dichotomien „subjektiv – objektiv", „wahr – falsch", „Idealismus – Materialismus" auszusteigen, in denen man sich als radikaler Konstruktivist verfangen kann, wenn sich die Welt zu einer reinen Kopfgeburt verflüchtigt. Er plädiert als Interpret der hegelianischen Dialektik für die „Wahrheit" beider Seiten – wenn sie dialektisch verschränkt und in einer neuen Gestalt „aufgehoben" werden. Die Grenzziehung zwischen beiden Formen der Realitätsbeschreibung wird trotzdem immer schwierig und konflikthaft bleiben.

Luhmanns soziologische Systemtheorie wurde im Verlauf der 1980er-Jahre immer wichtiger für die theoretische Verortung der Gruppe um Stierlin. Das System wird nun primär durch seine Unterschiede zu anderen Systemen, die „System-Umwelt-Differenz", charakterisiert. Nur durch diesen Unterschied wird ein System als System erkennbar und hat die Chance einer eigenständigen Existenz.

Luhmann definiert Systeme als autopoietische Gestalten, die sich durch ihre eigenen inneren Aktivitäten selbst herstellen – z. B. der Mensch als psychisches System. Er kreiert sich selbst als lebendes und lebensfähiges System durch seine inneren kognitiv-affektiven Operationen. Mit ihrer Hilfe erschafft er seine subjektive Wirklichkeit und kann sich dadurch in der Realität mehr oder weniger erfolgreich bewegen. Aber er erhält seine Eigendefinition nur durch die System-Umwelt-Differenz, also die Beziehung zu seiner Umwelt. Was unterscheidet den konkreten Menschen Max Meier von einem anderen konkreten Menschen mit Namen Klara Schulze? Letztlich ist es seine eigene Identitätsdefinition, durch die er sich im Hinblick auf bestimmte Merkmale als unterschiedlich zu allen anderen Menschen erlebt und beschreibt. Im Sinne Goffmans (siehe 1972) lassen sich ganz besondere Unterschiedsmerkmale als „Identitätsaufhänger" benennen – Name, Wohnung, grundlegende Regeln der Interaktion und der Rollengestaltung, Kleidung, charakteristische sprachliche Symbole. Der Mensch als konkrete Person ist aber nicht nur durch den Unterschied zu anderen konkreten Personen, also anderen psychischen Systemen definiert, sondern auch durch den Unterschied zu andersartigen Systemen seiner Umwelt. Luhmann spricht z. B. außer von den psychischen auch von sozialen, ökonomischen, politischen Systemen – in seiner Terminologie „Funktionssystemen" (z. B. Luhmann 1986) –, die ihre jeweils eigenen Sprachcodes entwickelt haben. Im Rahmen dieser Sprachcodes gibt es zentrale Symbole, auf die sich die Bedeutungszuschreibungen, die in einem jeweiligen Sprachcode vorgenommen werden, beziehen. Diese zentralen Symbole lassen sich als „Leitdifferenzen" bezeichnen, durch die in „verdichteter Weise" der Unterschied zu den anderen Systemarten markiert wird. Im ökonomischen System lässt sich das Geld als Leitdifferenz benennen, im sozialen System die Sprache, im politischen System die Macht, im Wissenschaftssystem Erkenntnisneugierde und Naturbeherrschung, im psychischen System der Wunsch (hier beziehe ich mich auf den französischen Psychoanalytiker Lacan – siehe Lang 1973).

Die Wende Stierlins und der Heidelberger Gruppe zu einer konstruktivistischen Perspektive fand aber nicht nur in den Theorie-, sondern auch in den Handlungskonzepten statt. Durch die Zusammenarbeit mit der ursprünglichen Mailänder Gruppe wurden deren Konzepte von „Hypothetisieren, Zirkularität und Neutralität" (Selvini Palazzoli et al. 1983) und des zirkulären Fragens (Tomm 1994; Simon u. Rech-Simon 1999) integriert.

Auch die Notwendigkeit einer Gender-Perspektive der Therapeutinnen wurde im Rahmen der Heidelberger Gruppe zu einem wichtigen Thema (siehe Rücker-Emden-Jonasch u. Ebbecke-Nohlen 1992).

1.2.2 Die Verbindung von Theorie und Handlungskonzepten im Überblick

Menschenbild und Sozialverständnis	darauf bezogene Handlungskonzepte
• Der Mensch als „non-triviales System" (von Foerster 1999): Er ist nicht durch äußere Einflussnahme in seinem Verhalten, Denken und Fühlen determinierbar.	• Informationsangebote statt Verhaltensinstruktionen • Einflussnahme durch Inter-aktion statt Aktion, Be-ziehung statt Erziehung
• Der Mensch markiert als „psychisches System" (Luhmann) einen Unterschied zu anderen Systemen, die seine Umwelt darstellen; diese werden als seine Kontexte begriffen.	• Kontextualisierung durch entsprechende Fragen: zeitliche und räumliche Kontexte; Kontexte der Erwartungen, Interessen, Motive; Überweisungskontext; soziale Umwelt
• Rekursivität: Alle auf die sozialen anderen gerichteten Verhaltensweisen weisen auf ihre Herstellerin und ihre Voraussetzungen zurück; zugleich wird sie zirkulär in den Veränderungsprozess einbezogen. • Selbstreferenz: Der Mensch als selbstreferenzielles psychisches System gewinnt seine Wahrnehmungen und Erkenntnisse bezüglich Realität nicht durch die Realität selbst, sondern durch die Herstellung innerer psychischer Zustände (Gedanken und Gefühle), die als seine Konstruktionen Informationen über die Umwelt enthalten und so seine Wirklichkeit beschreiben.	• Betonung der Verantwortung für das eigene Verhalten („Wann entschied sich Karla, in den Hungerstreik zu treten?") und der Veränderung („Was wird sich in Ihrem Leben ändern, wenn ihr Sohn die Rolle des Lieferanten für Aufregung aufgegeben hat?") • Richtlinien der systemischen Arbeit: Die Frage nach der einzigen Wahrheit, der objektiven Erkenntnis und dem richtigen Verhalten wird abgelöst durch die Multiperspektivität der Beschreibungen (es gibt viele Wahrheiten), das Recht auf Unterschiedlichkeit (z. B. im familiären Kontext) und die Notwendigkeit von Toleranz und wechselseitiger Empathie („sich in die Schuhe des anderen stellen").

• Der Mensch als psychisches System erschafft und erhält sich selbst im Wechselspiel der Kommunikation mit seiner Umwelt. Die hierfür notwendigen Ressourcen gewinnt der Mensch – im Prozess der „bezogenen Individuation“, d. h., man gewinnt seine Identität in der Unterschiedsbeziehung, – im Prozess einer bezogenen, d. h. Loyalitäten, Verdienste und Vermächtnisse nicht verleugnenden Separation, – und in den aktuellen Beziehungsnetzwerken.	• ressourcenorientierte Fragen: Wo liegen deine Stärken, Kompetenzen, Freiräume, Handlungsmöglichkeiten? Durch wen könntest du welche Anregungen und Unterstützungen erhalten? • Fragen zur Wirklichkeitskonstruktion: Wie beschreibst du deine Welt, deinen Alltag, deine Wirklichkeit (von Schlippe u. Schweitzer 1996). • Fragen zur Möglichkeitskonstruktion: Was wäre wenn? Was wäre anders, wenn? Welche Möglichkeiten gibt es noch? (Vgl. ebd.) • Zirkuläre Fragen: Fragen an Mitglieder des Systems, die andere Mitglieder und ihre Beziehungen betreffen (Klatschen im Beisein der Betreffenden – siehe J. K. Roth 1983).
• Vernetzung: wechselseitige Abhängigkeit und Informationsaustausch innerhalb des psychischen Systems (z. B. Verknüpfung von Gedanken und Gefühlen, verbaler Selbstbeschreibung und physiologischen Prozessen) und zwischen psychischen Systemen (interpersonale Kommunikation)	• zirkuläre Fragen • reflexive Fragen: Fragen, die zur Selbstwahrnehmung, Selbstthematisierung, Möglichkeitserweiterung und zum nachdenklichen Innehalten im Prozess der Auseinandersetzung anregen (Tomm 1994) • beziehungsorientierte Diagnostik (siehe Ritscher 2004b)

• das Unbewusste als kreative Ressource: Wir können unsere inneren Bilder (siehe Hüther 2004), Fantasien, Wünsche, Träume und Ideen durch Trancezustände (Fokussierung auf innere Prozesse – siehe Trenkle 2005; Schmidt 2005) und Erweiterung unserer visuellen, akustischen, kinästhetischen Repräsentationssysteme und Kommunikationsmittel (Bandler u. Grinder 1983) für Veränderungs- und Lösungsprozesse nutzen.	• analoge (mehrdeutige) Kommunikation mithilfe von Symbolen (Bildern, Metaphern, darstellenden Methoden usw. – siehe Ritscher 2002a) • Tranceinduktionen (Trenkle 2005; Zeig 1995; Schmidt 2005) • Entspannungsübungen (z. B. die progressive Muskelentspannung nach Jacobson – siehe Hinsch u. Pfingsten 2002) • meditative Übungen (Stevens 1975) • Arbeit mit Träumen (Müssig 1991; M. Roth 2003)
• Ambivalenz als psychische und kommunikative Grundstruktur: Die menschliche Psyche arbeitet primär nach dem Prinzip des Sowohl-als-auch und der Gleichzeitigkeit verschiedener Gedanken und Gefühle; das Entweder-oder ist schon die Folge einer kommunikativen Verhärtung, in der um die Macht für die Definition der allein richtigen Wahrheit gekämpft wird.	• Methode des Splittings: Im Falle von zwei Professionellen übernehmen beide der Familie gegenüber unterschiedliche Positionen, Meinungen, Themen; im Falle *einer* Fachkraft kann sie diese Unterschiede durch die Einführung eines virtuellen Kollegen oder einer virtuellen Kollegin einführen („Ich glaube, wenn mein Kollege X jetzt hier säße, den ich fachlich sehr schätze, würde er sagen ..."). • Skalierungsfragen, z. B.: „Könnten Sie auf einer Skale von 1 bis 10 Ihren Wunsch nach Erhalt ihrer Beziehung markieren – 1 markiert das Minimum, 10 das Maximum?" • So-tun-als-ob-Aufgaben, z. B.: „Versuchen Sie, einmal am Tag eine halbe Stunde lang den Haushalt wie Ihre Frau zu führen; Ihre Frau kann in dieser Zeit mit den Kindern so kommunizieren, wie Sie es sonst tun."

• die widersprüchlichen Tendenzen von Beharrung und Veränderung als Grundmuster jedes Systemprozesses	• paradoxe Interventionen: der Familie das vorschlagen, was sie schon immer tut, eventuell in verstärkter Form • Splitting des therapeutischen Teams in eine die Veränderung und eine die Beharrung betonende Seite
• Individuation als bezogene Individuation und Separation; Evolution (Wachstum) als Ko-evolution	• Beziehungsfragen • Beziehungsaufgaben • Skulptur zur Darstellung von Beziehungen
• Ressourcenorientierung	• ressourcenorientierte Fragen: Fragen nach Stärken, Kompetenzen, Fähigkeiten, nach erfolgreichen Handlungssituationen usw. • Reframing, in dem ein bislang als Schwäche konnotiertes Verhalten in den Kontext von Stärke, Fähigkeiten, bisher unbeachteten Erfolgen gestellt wird • Aufgaben: andere Handlungsmöglichkeiten erkunden und probieren
Erkenntnistheorie (Epistemologie)	**darauf bezogene Handlungskonzepte**
• hypothesengeleiteter Wahrnehmungs-, Erkenntnis- und Handlungsprozess	• hypothesengeleitete Fragen • Hypothesenbildung und -prüfung im Team
• Zirkularität: sich wechselseitig hervorbringende, aufrechterhaltende und entwickelnde Rückkoppelungsschleifen bei der systemischen Kommunikation	• zirkuläre Fragen • Fragen nach den bisherigen Problemlösungsversuchen • Fragen nach Unterschieden zu den aktuellen Problemsituationen • Fragen nach den Konsequenzen bestimmter Verhaltensweisen
• subjektive Konstruktion der Wirklichkeit	• Fragen nach der inneren kognitiven Landkarte der Familie • Fragen nach der Sichtweise aller Mitglieder des Systems

• Es geht nicht um Wahrheitsfeststellungen, sondern um den Beziehungssinn und die Beziehungsfunktion von Aussagen und Handlungen.	• Frage nach Bedeutungen • Fragen nach dem Nutzen für den Systemprozess und die Systemmitglieder
• Selbstorganisation des Systems	• „Hausaufgaben" und mehrwöchentliche Abstände zwischen den Therapiesitzungen, damit Ressourcen für die systemische Selbstorganisation aktiviert werden können und mit Lösungen experimentiert werden kann.
• Kommunikation als regelgeleitetes Spiel	• Veränderung problematischer Kommunikationsregeln durch Kommentare und Experimente
• soziale Systeme als sprachlich organisierte Problemerzeugungs- und Problemlösungssysteme; Sprache als Verfestiger oder Verflüssiger von Realitätskonstruktionen	• Fragen zur Verflüssigung zugeschriebener Eigenschaften und zu Diagnosen (Entpathologisierung von systemisch sinnvollen Verhaltensweisen und Störungen)
• das Therapie- bzw. Beratungs- bzw. Unterstützungssystem als zeitlich begrenztes Problemlösungssystem, in dem Familiensystem und Helferinnensystem verknüpft sind	• Zeitliche Markierungen durch eine vorab begrenzte Anzahl von Sitzungen; nach einer Bilanzierung des bisherigen Verlaufs kann ein weiteres „Terminpaket" vereinbart werden. • Die Therapeutinnen erleben die Familie nicht, wie sie „ist", sondern wie sie diese im Kontext des Hilfssystems wahrnehmen; die Beschreibungen („Diagnosen") sind kontextabhängig.
• Zeit als Ordnungsprinzip	• Vorher-nachher-Fragen (was geschah vor einem wichtigen Ereignis, was danach?) • zukunftsorientierte Fragen (Fragen zur Möglichkeitskonstruktion) • Arbeit mit dem Genogramm

• Information als relevanter Unterschied; diese von Bateson vertretene Idee wird im therapeutischen Kontext umgesetzt mittels doppelter Beschreibung von Systemen aus der Innen- und Außenperspektive.	• Teamarbeit: Ein Teil des Teams arbeitet direkt mit der Familie und beschreibt das mit dieser gebildete therapeutische System aus der Innenperspektive; ein anderer Teil beschreibt es hinter dem Einwegspiegel oder im Rahmen der Supervision bzw. Intervision aus der Außenperspektive. Beide Perspektiven werden über die Pausengespräche des Teams verknüpft. • Reflecting Team (Andersen 1990) • die hypothetische Einführung von Beobachterinnen durch zirkuläre Fragen („Wenn Ihr Opa hier säße, wie würde er die Familiensituation beschreiben?")
Das Therapiesystem	**darauf bezogene Handlungskonzepte**
a) Familiensystem (das ein Problem präsentierende System)	
• Ambivalenz hinsichtlich der Therapie	• Splitting der Therapeutinnen • positive Konnotationen • Verschreibung des Misstrauens
• Verstörung des Systems durch Informationsangebote statt instruktiver Interaktion und direktiver Umstrukturierung	• Fragen statt Deutungen • Arbeit mit Symbolen, die durch ihren analogen Charakter immer mehrere Deutungen zulassen • Ideen säen und neue Perspektiven anbieten
• Selbstorganisation der Familie	• längere Abstände zwischen den Sitzungen und Hausaufgaben als Experimente • punktuelle Interventionen
• Der Schwerpunkt systemischer Beschreibungen liegt auf den Mustern, nicht den Inhalten der Kommunikation.	• zirkuläre Fragen • Familienlandkarten • Skulptur

• Familiendynamik: Delegation (die Kinder werden von den Eltern mit einem oder mehreren essenziellen Aufträgen betraut, den sie in ihren eigenen Lebensentwurf integrieren), Loyalität (die auf die anderen Familienmitglieder bzw. die ganze Familie gerichtete Treueverpflichtung); zentrifugale (auflösende) vs. zentripetale (bindende) Systemkräfte, Gerechtigkeitsbilanz (der langfristige Ausgleich von Geben und Nehmen innerhalb der und zwischen den Generationen, Mehrgenerationenperspektive)	• hypothesen- und konzeptgeleitete Fragen • Genogramm • Soziogramm (Ritscher 2004a)
b) Therapeutinnensystem	
• Allparteilichkeit, Neutralität, Interesse, Respekt vor den Menschen, aber Respektlosigkeit gegenüber Ideen	• Humor • positive Konnotationen • zirkuläre Fragen (Einführung anderer Beobachterinnen) • Teamarbeit und Supervision
• Selbstwahrnehmung der Therapeutinnen in der Beratungssituation	• Wahrnehmungstraining in der Ausbildung • Gegenseitiges Feedback im Team • Supervision und Intervision (kollegiale Beratung)
• Verknüpfung von Wahrnehmung, Beschreibung und Intervention	• hypothesengeleitete Arbeit • lösungsorientierte Arbeit
• Thematisierung des institutionellen und organisatorischen Kontextes des therapeutischen Systems	• Supervision • Selbstevaluation • Organisationsanalyse
c) Therapiesystem als Familie und Therapeutinnen zusammenfassende Einheit	
• das Therapiesystem als integrierender Kontext des Familien- und des Therapeutinnensystems	• kontextbezogene Fragen • kontextbezogene Beschreibungen • Verzicht auf die Suche nach der Wahrheit

• Kontexte des Therapiesystems, der Familie und der Therapeutinnen	• Beschreibungen und Frageorientierung mithilfe der Unterscheidung von Mikro-, Meso-, Exo- und Makrossysteme (siehe Ritscher 2002a)
• Arbeitsbündnis	• das Erstgespräch als eigenes Setting zur Kontaktaufnahme und zur Abklärung des Überweisungs- und Erwartungskontextes • Auftragsklärung und Vertragsabschluss

1.2.3 Die Bedeutung der Heidelberger Gruppe für das Konzept einer systemischen Familiensozialarbeit

Die von Stierlin vertretene Erkenntnistheorie bindet die subjektive Konstruktion der Wirklichkeit an das Konzept einer harten und weichen Realität. Dadurch werden einerseits die Verantwortung des Subjekts für seine Realitätswahrnehmung, seine Erkenntnis- und Bewertungsleistungen sowie das daraus resultierende Handeln betont – eine wesentliche Voraussetzung für das in der Sozialen Arbeit grundlegende Ziel einer „Hilfe zur Selbsthilfe". Andererseits wird die Bedeutung der sozialen Umwelt als – manchmal harter und wenig bzw. keine Alternativen aufzeigender – Anreger für die Wirklichkeitskonstruktionen der Adressatinnen Sozialer Arbeit anerkannt. Ein Langzeitbezug von Arbeitslosengeld II lässt wenig Spielraum für eine andere Wirklichkeitskonstruktion als die, dass man zu den Verlierern der so genannten Modernisierung des Sozialstaates gehört und für die zentralen gesellschaftlichen Systeme auch als Mensch wertlos geworden ist. Dass es dennoch auch in dieser Situation gelingen kann, eine den eigenen Selbstwert stabilisierende Wirklichkeit zu konstruieren, zeigt aber auch, welche Gestaltungsmöglichkeiten der Subjektseite zuerkannt werden können. Für die praktische Soziale Arbeit stellt sich in der Konsequenz die Frage, wie dafür die persönlichen und sozialen Spielräume gefördert werden können. Ich habe an anderer Stelle (Ritscher 2002a, 2004a) den Begriff der subjektiven Rekonstruktion von Wirklichkeit vorgeschlagen, um das Gewicht der Umweltseite im Wahrnehmungs-, Erkenntnis- und Handlungsprozess zu würdigen – ohne die aktive Seite des Subjektes zu entwerten.

Neben dieser erkenntnistheoretischen Perspektive und ihrer praktischen Konsequenz kann Soziale Arbeit auch die von der Heidelberger Gruppe vertretenen bzw. zu ihren Konzepten passenden systemischen Handlungsrichtlinien (siehe Kap. 2) und Methoden (z. B. die systemischen Fragetechniken) nutzen. Sie sind ein Beitrag zu den professionellen Handlungskompetenzen von Sozialarbeiterinnen. Wichtig ist auch, dass durch den Sprung von der Familientherapie zur systemischen Therapie (siehe Ritscher 2004b, 2006a) nicht mehr das Setting, sondern das systemische Denkmodell im Kopfe der Fachkraft entscheidend für das systemische Handeln ist. Mithilfe der entsprechenden Methoden (z. B. des zirkulären Fragens) kann auch mit Einzelpersonen systemisch-familienorientiert und damit multiperspektivisch gearbeitet werden.

1.3 Der systemisch-entwicklungsorientierte Ansatz von Virginia Satir

1.3.1 Der theoretische Kontext

Satir war 1951 eine der Ersten, die mit der ganzen Familie gearbeitet hat (siehe Duss-von Werth 1996, S. 119). Mitte der 50er-Jahre wurde sie Mitglied der Palo-Alto-Gruppe, von der sie sich dann wieder trennte, weil ihr Interesse weniger in der Forschung lag und sie sich verstärkt in der Ausbildung engagieren wollte. Ich vermute auch, dass ihr der eher akademische und rationale Stil der meisten Mitglieder dieser Gruppe fremd blieb und sie auch deshalb ihre eigenen Wege ging. Ihr entwicklungsorientierter Ansatz der Familientherapie verbindet Konzepte der ersten Kybernetik mit dem toleranten Geist, dem positiven

Menschenbild und vor allem der Idee des persönlichen Wachstums durch Begegnung. Dies sind die grundlegenden Konzepte der „Humanistischen Psychologie“, die damals in den USA zunehmend Einfluss gewannen, und mit dem Werk von Rogers und Maslow verbunden sind. Persönliches Wachstum wird vor allem durch kongruente Erfahrungen möglich, d. h. der Verknüpfung eines eigenen positiven Selbstbildes mit sozialen Erfahrungen, welche dieses bestätigen. Sie war bekannt für ihre warmherzige, akzeptierende und spontane Kontaktaufnahme, die sie mit einem geradezu genialen Gespür für die aktuelle Situation des Klientinnensystems und die Möglichkeiten therapeutischer Interventionen verband. Dadurch konnte sie anhand der Praxis die zu ihrer Zeit oft geäußerte Kritik an der Familientherapie widerlegen, dass die Systemkonzeption der Familientherapie den Menschen auf eine seelenlose, das Subjekt negierende Maschine reduziere. In einem Workshop, an dem sie zusammen mit Boscolo, Cecchin und Aponte teilnahm, bezeichnete Boscolo ihren aus diesen Elementen zusammengesetzten therapeutischen Stil als „Hot Joining“ im Gegensatz zu dem rational-distanzierten „Cold Joining“ der Mailänder Gruppe (Satir 1986).

Die Begründer des NLP, Grinder und Bandler, beobachteten Satir bei ihrer therapeutischen Arbeit und entdeckten dabei vier sprachliche Operationen, durch welche sich ihre Klientinnen in kommunikative Fallen hineinmanövrierten. Sie nannten diese „Substantivierung“, „Tilgung“, „Generalisierung“ und „Gedankenlesen“ (siehe Bandler, Grinder u. Satir 1978):

- „Substantivierung“: die Verdinglichung des Prozesses durch Verwendung von Substantiven oder der Hilfsverben „sein“ und „haben“
- „Tilgung“: Für das Verständnis einer Aussage wichtige Wörter bzw. Worte werden nicht gesagt (im Kontext der Psychoanalyse als „Verdrängung“ bezeichnet).

- „Generalisierung“: Aus „manchmal“ bzw. „oft“ wird ein „immer“, aus „einige“ oder „viele“ ein „alle“.
- „Gedankenlesen“: Es wird so getan, als ob man wüsste, was im Kopf der anderen vor sich geht, bzw. man erwartet vom anderen als Ausdruck seiner Nähe, dass er die Gedanken des Gegenübers lesen kann.

Damit den Familien diese Fallen bewusst werden und künftig umschifft werden konnten, nutzte Satir Methoden, die im Rahmen aktionsorientierter Therapieverfahren wie Gestalttherapie und Psychodrama entwickelt worden waren (siehe Satir 1973, 1989). Diese verbinden Emotionen und Gedanken, Körper und Sprache, Sprechen und Handeln. Das entsprach ihrer Grundüberzeugung, die sie mit Rogers und Maslow verband: Die Basis von Einsicht, Lernen und Entwicklung ist die Erfahrung und nicht das Reflektieren über sie. Bekannt geworden ist vor allem ihre Familienskulpturarbeit. Diese Methode hat ihre Wurzel im Psychodrama und bezieht sich dort auf Morenos Konzept des „sozialen Atoms“. Duhl hatte die Skulptur für die Familientherapie entdeckt (siehe Schweitzer u. Weber 1982), und Satir variierte sie, indem sie statt einer im Zentrum der Sitzung stehenden Gesamtskulptur des Systems eine Form entwickelte, die man „Skulpturvignette“ nennen könnte. Ihr Hauptmerkmal ist die Aufeinanderfolge mehrerer kurzer und nicht so detailliert ausgearbeiteter „kleiner“ Skulpturen, durch die der therapeutische Prozess strukturiert wurde. So konnte die verbale Seite des therapeutischen Dialoges unterstützt, kommentiert, vorangetrieben und das therapeutische System insgesamt aktiviert werden (siehe Satir 1986, 1987).

Mithilfe dieser und anderer Methoden (z. B. der Arbeit mit Seilen, in die sich die Familienmitglieder verwickeln und aus denen sie sich wieder ent-wickeln konnten) konnte sie den Operationen „Substantivierung“, „Tilgung“, „Generalisierung“ und „Gedankenlesen“ spielerisch begegnen:

- Die durch „Substantivierungen“, also Verdinglichungen (z. B. „Oma *hat* eine Depression“), blockierten Beziehungsprozesse konnten wieder in Fluss kommen (z. B. wenn die Großmutter sich ihren Platz in der Familienkonstellation selbst suchte), wenn die in diesem Verhalten verborgenen Wünsche, Hoffnungen und Fähigkeiten deutlich wurden („Ich wünsche mir, dass ich von anderen noch gebraucht werde“).
- Durch die Hereinnahme der hinter den verlorenen sprachlichen Bestandteilen stehenden Personen oder Themen in die Skulptur können diese Tilgungen bewusst und ein konstruktiver Umgang mit ihnen spielerisch ausprobiert werden.
- „Generalisierungen“ werden durch die Frage nach den Ausnahmen unterlaufen; diese Frage wurde dann vor allem durch die Kurzzeittherapie von de Shazer in der gesamten systemischen Gemeinde populär.
- Dem „Gedankenlesen“ konnte durch das persönliche Gegenüberstellen in der Skulptur begegnet werden, z. B. durch die Aufforderung: „Schau deine Frau ganz aufmerksam und bewusst an, und sage ihr, was du gerade jetzt von ihr möchtest – dann kannst du sicher sein, dass es auch bei ihr ankommt.“

Bekannt waren auch ihre furiosen Familienrekonstruktionsseminare für Therapeutinnen, in denen sie authentisch die Botschaft vermittelte, dass der erfahrungsorientierte Blick auf die Herkunftsfamilie ein wesentlicher Bestandteil des therapeutischen Prozesses und der Therapieausbildung sein sollte. Hier arbeitete sie vor allem mit dem Genogramm (Hildenbrand 2005) und der Familienskulptur (Schweitzer u. Weber 1982).

Satir konnte wie keine andere unter den Pionieren der Familientherapie die Menschen für sich gewinnen, weil sie nicht belehren wollte und die von Rogers betonte Variable der Akzeptanz lebte.

In ihrer theoretischen Orientierung betonte sie die systemischen Konzepte der Kybernetik erster Ordnung – hier vor allem das Prinzip des immer neu auszubalancierenden Gleichgewichtes im Gegensatz zur starren Homöostase und das Konzept des offenen vs. des geschlossenen Systems.

Als Dreh- und Angelpunkt der persönlichen und familiären Entwicklung verstand sie den Selbstwert: „Ich kenne nur einen Faktor, der Psychotherapie effektiv macht: wenn eine Person ein ausreichendes Gefühl ihres eigenen Wertes hat, dass sie das Risiko auf sich nehmen kann, etwas Neues zu versuchen“ (Satir in einem Interview mit Rigas u. Vetter 1987, S. 185). Die einzelnen Mitglieder der Familie wie auch diese als Ganzes benötigen für ihr Wachstum eine konsistente eigene Überzeugung hinsichtlich ihrer Existenzberechtigung, ihrer Bedeutung für andere Menschen und der Sinnhaftigkeit ihres Lebens (vgl. Frankl 1972). Diese entsteht einerseits durch die Rückkoppelung zwischen den einzelnen Familienmitgliedern und andererseits durch die Rückkoppelung zwischen ihnen und der von ihnen hergestellten Familienidentität. Therapie kann zu einer nachholenden Selbstwertentwicklung verhelfen, wenn diese in der Ursprungsfamilie und anderen sozialen Kontexten nicht möglich war bzw. ist.

Ihrer ganz speziellen Sicht der über den Körper vermittelten Beziehungsbotschaften und Interaktionsmuster gab Satir in den von ihr entwickelten fünf Kommunikationsformen Ausdruck (Anklagen, Beschwichtigen, Rationalisieren, Ablenken und kongruentes Verhalten – siehe Satir 1989, Ritscher 2002a). Der Körper war in ihrem System der Ort, an dem Erfahrungen jenseits aller Rationalität spürbar und damit erfahrbar wurden. Deshalb war der Körper und mit ihm das Fühlen in der sozialen Situation immer eine wichtige Perspektive ihrer praktischen Arbeit: „Was sagt dein Körper gerade jetzt zu dir, zu mir und den anderen Mitgliedern deiner Familie?“ „Wie kannst du deine Haltung, deine Position, deine Nähe zu den anderen in der augenblicklichen Situation ganz konkret so verändern, dass es dir gut geht?"

Ein besonderes Anliegen war ihr die Auflösung von Doublebinds durch die Erarbeitung einer Kongruenz zwischen verbalen und nonverbalen Botschaften.

Bei der ersten Formulierung der Doublebind-Hypothese im Jahre 1956 stellten Bateson und seine Mitarbeiterinnen einen linearen Verursachungszusammenhang her zwischen einerseits strukturell verankerten widersprüchlichen Botschaften der Eltern bei gleichzeitigem Verbot für das Kind, aus der Situation zu gehen, und andererseits einer schizophrenen Symptomatik von Kindern, Jugendlichen und Erwachsenen (Bateson et al. 1972). Heute wird mehr auf die zirkuläre Struktur von Doublebinds geachtet. Erst durch ihre Beachtung lässt sich die eindimensionale Täter-Opfer-Zuschreibung (Eltern als Täter, Kind als Opfer) überwinden. Diese Zuschreibung ist nicht nur ethisch problematisch, sondern auch therapeutisch fatal, weil sie eine Koalition der Therapeutinnen mit den Kindern gegen die Eltern nahe legt. Dann entsteht innerhalb des Therapiesystems ein strukturelles Doublebind: Die Therapeutinnen stellen sich als neutral dar, verhalten sich aber parteiisch und können nur durch ihre Autorität auf einen Verbleib der Familie in der Therapiesituation hinwirken. Die zirkuläre Perspektive dagegen sieht alle Familienmitglieder als Handelnde im gemeinsamen Spiel. Zwar steht am Anfang des kindlichen Lebens seine „Anpassung an die Realität der ‚stärkeren Persönlichkeit'" (Stierlin 2001). Aber auch Kinder sind nach kurzer Zeit Meister des Familienspiels, sodass sich alle Familienmitglieder gegenseitig in die „Beziehungsfalle" (ebd.) hineinmanövrieren können. Wynne (1976) hat auf den Zusammenhang zwischen Widersprüchen und kreativen Prozessen hingewiesen und damit das Doublebind aus der Pathologieecke herausgeholt. Die Mailänder Gruppe machte sich diese Position zu Eigen und versuchte, durch kreative Doublebinds („Gegenparadoxien") in psychotischen Systemen zu intervenieren.

1.3.2 Die Verbindung von Theorie und Handlungskonzepten im Überblick

Menschenbild und Sozialverständnis	darauf bezogene Handlungskonzepte
• Jeder Mensch hat das Bedürfnis nach Sicherheit, Kontakt und Nähe, sozialer Anerkennung, persönlichem Wachstum, einem positiven Selbstbild und damit kongruenten Beziehungserfahrungen.	• unmittelbarer Kontakt • Authentizität: Kongruenz zwischen Denken und Fühlen einerseits und kommunikativer Botschaft andererseits • Wärme: emotionale Zugewandtheit • Empathie: Resonanz für die Gefühle der Klientinnen
• Verhalten ist zielorientiert; problematisches Verhalten zeigt, dass die Grundbedürfnisse mit sozial unangemessenen Mittel erreicht werden sollen oder durch inkongruente soziale Erfahrungen blockiert werden.	• alternative Verhaltensweisen und soziale Erfahrungen selbst wählen und aufsuchen
• Der Mensch ist ein ganzheitliches Wesen, das die Ebenen des Körpers und die inneren Prozesse des Denkens, Fühlens und Spürens miteinander verbindet. Der Widerspruch zwischen verbaler Sprache und Körpersprache (Doublebind) führt zu kommunikativen und persönlichen Störungen.	• erfahrungsorientierte Techniken, die Sprechen und Fühlen, Geist und Körper miteinander verbinden: Skulptur; spielerische und erfahrungsnahe Demonstration von Beziehungsmustern, z. B. die Verwendung eines Seiles zur Demonstration systemischer Verstrickungen
• Macht und Konkurrenz in der Beziehung verhindern die kommunikative Begegnung.	• Die Gleichheit aller Mitglieder des Systems betonende Techniken, z. B. soll auch mit Kindern auf Augenhöhe kommuniziert werden.

• Selbstwert als zentrale Kategorie für das persönliche und familiäre Wachstum; familiäre Kommunikation kann das persönliche Wachstum fördern oder behindern.	• wertschätzendes und authentisches Verhalten der Therapeutin
• Symptome sollen als Hilferufe und Wunsch nach kongruenten Erfahrungen verstanden werden, nicht als Ausdruck einer Pathologie.	• Akzeptanz der Symptome • den Sinn der Symptome für die familiäre Kommunikation und die persönliche Identitätsbestimmung benennen
Erkenntnistheorie (Epistemologie)	**darauf bezogene Handlungskonzepte**
• Das innere Modell der Welt (innere Landkarte) organisiert die Wahrnehmung.	• Überprüfung der Wahrnehmung anhand der Konsequenzen
• Hier-und-jetzt-Perspektive	• Begegnung in der Situation
• Selbsterfahrung durch Kommunikation	• Wahrnehmungsübungen, z. B. durch Face-to-Face-Dialoge und die Verbalisierung der dabei entstehenden Gedanken, Gefühle und Körperempfindungen
• die drei Dimensionen der Kommunikation: visuell, auditiv, kinästhetisch.	• Übungen zur Differenzierung der Selbstwahrnehmung, z. B. im Face-to-Face-Dialog („Was siehst du, denkst du, fühlst du, wenn du dem anderen in die Augen blickst?“)
• Kommunikationssysteme tendieren zur Ausbildung eines Gleichgewichtes (das Bild der Familie als eines sich einpendelnden Mobiles).	• Übungen zur Erfahrung wechselseitiger Abhängigkeit, z. B. durch die einzelnen Familienmitglieder verbindende Seile

das Therapiesystem	darauf bezogene Handlungskonzepte
a) Familiensystem	
• Homöostase (starres Gleichgewicht); dieses wird durch geeichte Kommunikationskreisläufe (die immer gleiche Reaktion auf das immer gleiche Verhalten der anderen) erhalten.	• Veränderung durch Vertrauen und Selbstwert bildende Begegnung • Verwandlung der starren Reiz-Reaktions-Muster durch alternative und im Rahmen des Systems sinnvolle Verhaltenszirkel
• persönliche Kommunikationsformen und die durch ihre Kombination entstehenden familiären Beziehungsmuster: anklagen, beschwichtigen, rationalisieren, ablenken	• Darstellung dieser Kommunikationsformen und -muster durch Skulpturen; Ziel ist die Veränderung durch Selbstwahrnehmung.
• Fokussierung auf Körper- und Gefühlswahrnehmungen	• Partnerschaftsübungen zur Selbst- und Fremdwahrnehmung
• Familiennetzwerk und familiäre Verstrickungen	• Seilübungen
• Familiengeschichte	• Familienrekonstruktion: Genogramm, Skulptur, Fragen
• Wahrnehmungsverzerrungen und dadurch entstehende Erfahrungs- und Erkenntnisblockaden: Substantivierung, Tilgung, Generalisierung, Gedankenlesen	• Ergänzungs-, Konkretisierungs- und Überprüfungsfragen; z. B. sagt die Klientin: „Alle hacken auf mir herum“ (eine Generalisierung); die Therapeutin fragt dann: „Wirklich alle?“ (Überprüfungsfrage)
b) Therapeutinnensystem	
• die Therapeutin als Modell für kongruente (authentische und wertschätzende) Kommunikation	• Die Therapeutin bringt sich selbst als Person ein und thematisiert ihre mit dem Familiensystem zusammenhängenden Selbstwahrnehmungen.

• die Therapeutin als Dolmetscherin zwischen den Familienmitgliedern, zwischen den Persönlichkeitsanteilen, zwischen Familie und ihrer Umwelt	• einfühlen, Sinn verstehen, paraphrasieren (den Familienmitgliedern ihre verbalen und nonverbalen Äußerungen in eigenen Worten zurückspiegeln), nachfragen, eigene Wahrnehmungen (Selbst- und Fremdwahrnehmungen) benennen
• die Selbstwahrnehmung der Professionellen, vor allem die eigenen Körperempfindungen und Gefühle, für die Metakommunikation über die Situation nutzen	• Selbsterfahrung, Supervision, entsprechende Bausteine in der Familientherapieausbildung
• Technik ist wichtig, kann aber die Begegnung nie ersetzen.	• die Therapeutin als sich ihrer selbst und ihres Selbstwertes gewisse Persönlichkeit, die deshalb kongruent kommunizieren kann
c) Therapiesystem als Familie und Therapeutinnen zusammenfassende Einheit	
• Entwicklung des Systems und persönliches Wachstum im Prozess der Begegnung	• positive Beziehungen zwischen den Familienmitgliedern sowie zwischen ihnen und der Therapeutin fördern

1.3.3 Die Bedeutung der wachstumsorientierten Familientherapie für das Konzept einer systemischen Familiensozialarbeit

Der wichtigste Beitrag Virginia Satirs liegt in dem von ihr vertretenen Menschenbild. Es betont bei aller Gebundenheit an soziale Verhältnisse, biografische Traumatisierungen und homöostatische Beziehungsmuster das Potenzial jedes Menschen für persönliches Wachstum sowie die Entwicklung eines positiven und den sozialen anderen akzeptierenden Selbstkonzeptes. Dieser Optimismus für persönlich und systemisch gestaltbare positive Veränderungen kann auch in schwierigen sozialen Situationen und persönlichen bzw. familiären Entwicklungsverläufen einen Rahmen schaffen, in dem die Potenziale und Ressourcen der Adressatinnen Sozialer Arbeit nicht aus den Augen geraten. Dieses Menschenbild gibt zugleich Anregungen für eine respektvolle, akzeptierende, „warme", sich selbst nicht verleugnende (= authentische) professionelle Haltung und Beziehungsgestaltung der Sozialarbeiterinnen. Satirs wichtigste methodische Beiträge liegen in den vielfältigen Möglichkeiten der Rekonstruktion der Herkunftsfamilien mithilfe von Genogramm- und Skulpturarbeit sowie in der Möglichkeit, durch Skulpturen und andere aktionsorientierte Methoden erstarrte Sitzordnungen, Beziehungsmuster, Denk-, Gefühls- und Verhaltensweisen in der professionellen Situation durch Bewegung wieder in Fluss zu bringen. All ihre Methoden lassen sich sowohl in der Komm- wie in der Gehstruktur der Sozialen Arbeit verwenden.

1.4 Der systemisch-strukturelle Ansatz der Gruppe um Salvador Minuchin

1.4.1 Der theoretische Kontext

Minuchin hat eine klare Vorstellung von dysfunktionalem bzw. funktionalem persönlichem Verhalten und funktionalen bzw. dysfunktionalen Beziehungsmustern in der Familie. Das eine hängt mit dem anderen zusammen, denn funktionale familiäre Beziehungsmuster ermöglichen den Familienmitgliedern das Erlernen funktionaler Verhaltensmuster. Funktionieren meint hier, dass Menschen in der Lage sind, sich durch Nutzung aller verfügbaren Ressourcen zu sozial akzeptierten, körperlich und psychisch gesunden Menschen zu entwickeln.

Die soziale Akzeptanz ist für Minuchin besonders wichtig. An diesem Punkt wird auch deutlich, dass es ihm nicht um pure Anpassung an vorgegebene gesellschaftliche und familiäre Standards geht. Vielmehr müssen in einem funktionierenden, d. h. sich entwickelnden und dadurch fortbestehenden System die Grenzen zwischen den einzelnen Teilsystemen *nach beiden Seiten* durchlässig sein. Nur dann haben auch in der sozialen

Hierarchie untergeordnete Teilsysteme die Möglichkeit, übergeordnete Teilsysteme zu beeinflussen und sie von der Berechtigung ihrer Anliegen zu überzeugen. Das gilt für Gesellschaft und die Familie gleichermaßen.

Die strukturelle Familientherapie ist die familientherapeutische Variante, die schon in den 1960er-Jahren auf einer rein pragmatischen, theoretisch nicht reflektierten Ebene problemlos Anschluss an die Soziale Arbeit fand. Hierfür gibt es einige Gründe:

- Minuchin setzte sich von Anfang an für die Verbesserung der Situation gesellschaftlicher Randgruppenfamilien und ihrer Kindern ein. Dafür warb er auf der Ebene von Politik, Sozialadministration und Gerichten.
- Er und seine Mitarbeiterinnen zeigten eindrücklich (z. B. S. Minuchin 1988; P. Minuchin, Colapinto u. S. Minuchin 2000), wie Randgruppenfamilien durch staatliche Sozialarbeit, Gerichte und wohlmeinende Hilfseinrichtungen entmündigt, auseinander gerissen und ihrer Selbstorganisationskräfte (Ressourcen) beraubt werden, wenn die systemisch grundlegenden Regeln der Kooperation und der auf das ganze System und seine Umweltbeziehungen gerichteten Beschreibungsperspektive missachtet werden.
- In dem ersten großen Werk seiner Gruppe *Families of the Slums* (S. Minuchin et al. 1967), wird – auch durch detaillierte Falldarstellungen – nachvollziehbar, wie Familientherapie mit Randgruppenfamilien im Kontext einer stationären sozialen Einrichtung (*Wiltwyck School for Boys* – ein Heim mit angegliederter Schule für sozial auffällige acht- bis zwölfjährige Jungen, die fast alle aus den Slums von New York City kamen) möglich ist. Deutlich wird auch die Passung zwischen den Handlungskonzepten bzw. Methoden der strukturellen Familientherapie und den sozial unterprivilegierten Herkunftsfamilien der Wiltwyck Boys.

- Besonders hilfreich war hier seine von anderen Familientherapieschulen oft kritisierte direktive Gesprächsführung. Minuchin zufolge muss die therapeutische Fachkraft die Führung im therapeutischen System, d. h. die Lotsenrolle und damit die Verantwortung für den Kurs, übernehmen. In diesem Sinne pflegte er allzeit einen direktiven, konfrontativen, provokanten und oft auch autoritären Stil. Zugleich machte er in jeder Situation deutlich, dass seine Arbeit von einer grundlegenden Sympathie für die Klientinnen getragen wird und ihm die Verbesserung ihrer kommunikativen und materiellen Lebensbedingungen sehr am Herzen liegt. Den von Armut und kommunikativer Verelendung betroffenen New Yorker Slum-Familien entsprach dieser Stil. Einerseits war er Teil ihrer eigenen Kommunikationsmuster; andererseits war er im Unterschied dazu mit dem Angebot von Metakommunikation und der Suche nach einem Ausweg aus ihrem Dilemma verbunden. Minuchin scheute sich nicht, selbst die Lösungswege vorzuzeichnen, welche die jeweilige Familie dann selbst gehen musste. Dabei vermittelte er die Sicherheit, dass dieser Weg für die Familie gangbar ist und an seinem Ende die Problemlösung erreicht werden kann. So realisierte er das hypnotherapeutische *pacing and leading*: Er passte sich an das Familiensystem an (Pacing), verwendete dessen Sprache und vertrat ihre an Autorität, Hierarchie und konkretem Handeln orientierten Werte; gleichzeitig übernahm er die Führung (Leading) und zeigte Wege aus dem Dilemma auf. Das gab der Familie Orientierung und Sicherheit.

Minuchins Sympathie für gesellschaftliche Außenseiter und sein gleichzeitiges Interesse an ihrer sozialen Integration hat eine Entsprechung in der eigenen Biografie. Als Kind einer jüdischen Familie, die in Argentinien lebte, war er selbst mit Ausgrenzung, Stigmatisierung und dem ständigen Kampf um gesellschaftliche

Anerkennung konfrontiert. Was er im Laufe seines Lebens geschafft hatte – die gesellschaftliche Integration und Anerkennung –, sollte auch anderen Außenseitern möglich sein; das, so vermute ich, ist die persönliche Motivlage hinsichtlich seines besonderen Engagements für die sozial unterprivilegierten Familien (siehe S. Stierlin 2001).

Minuchins strukturelle Familientherapie fand aber außer in der Arbeit mit Randgruppenfamilien auch Anwendung in allen anderen für die Familientherapie geeigneten psychosozialen und sozialmedizinischen Kontexten – in Kliniken, Beratungsstellen, Privatpraxen, Jugendämtern und anderen Einrichtungen der Jugendhilfe, sozialpsychiatrischen Diensten usw. Berühmt geworden ist er auch für seine Arbeit mit Familien, in denen ein Mitglied – meistens eine Tochter – anorektisches Verhalten zeigte. Er erfand die Methode des „Familienlunchs", bei dem sich die ganze Familie im Beisein des Therapeuten zum Essen versammelte und den Eltern die Aufgabe übertragen wurde, dafür zu sorgen, dass die anorektische Symptomträgerin an der Mahlzeit aktiv teilnahm. Die Therapeuten agierten dabei als Supervisoren der Eltern (Rosman, S. Minuchin u. Liebman 1976).

Sechs theoretische Perspektiven sind für Minuchins Praxiskonzept von Bedeutung:

- Jedes funktional kommunizierende System benötigt eine *Hierarchie*: „Autoritätsmuster, die eindeutig und flexibel sind, funktionieren im Allgemeinen gut" (P. Minuchin, Colapinto u. S. Minuchin 2000, S. 35). Für Familien gilt, dass Elternrollen eine hierarchische Position beinhalten. Dabei geht es in erster Linie nicht um Macht, sondern um die Verantwortungsübernahme der älteren, lebenserfahreneren und mit mehr Ressourcen ausgestatteten Eltern, die ihre Kinder behutsam und freundlich in das soziale Leben einführen sollten. Dazu benötigen sie Macht, um eventuell Entscheidungen auch gegen die Kinder durchsetzen zu können.

Diese Führungsstruktur muss in den Situationen des Alltags etabliert werden, wenn es um die Einhaltung verbindlicher Zeiten, soziales Verhalten bei den Mahlzeiten oder die Übernahme bestimmter Verpflichtungen im Haushalt geht. Mit dem Älterwerden der Kinder wird diese hierarchische Struktur zunehmend aufgeweicht – auch das ist ein Zeichen von Funktionalität. Minuchin führt viele soziale Auffälligkeiten von Kindern und Jugendlichen darauf zurück, dass Eltern die ihrer Rolle zugehörige Führungsaufgabe nicht übernehmen. Stattdessen definieren sie sich als Freundin bzw. Freund ihrer Kinder oder sind wegen eigener Verstrickungen nicht in der Lage, die für eine Konfrontation mit den Kindern nötige psychische Präsenz herzustellen.

- Jedes System erhält sich durch die Interaktion seiner *Subsysteme*. Es gibt nach Geschlecht, Generation, Funktion und Interessen unterscheidbare Subsysteme. Bestimmte Subsysteme existieren permanent, z. B. das der Eltern, das der Eltern als erwachsenen Paares, das Subsystem der Großeltern oder der Geschwister. Andere treten nur zu bestimmten Zeiten oder in bestimmten Räumen in Erscheinung bzw. ändern ihre personelle Zusammensetzung; das ist z. B. bei den durch gemeinsame Interessen definierten Subsystemen der Fall.
- Subsysteme wie auch Systeme etablieren durch *Grenzen* eine Unterscheidungsbeziehung zu ihren Umwelten. Minuchin hat drei Typen von Grenzen beschrieben: starre – die Grenzen sind kaum durchlässig; diffuse – es gibt keine deutlichen Grenzen; und funktionale.

Anhand der funktionalen Grenze werden auch ihre Gegenpole bestimmbar. Eine funktionale Grenze lässt einerseits den Austausch bestimmter Informationen zu, der Austausch anderer Informationen hingegen wird blockiert.

Ein Beispiel: Ist die Grenze zwischen dem Eltern- und dem Kindersubsystem funktional und durchlässig, werden die Kinder im Sinne der Metapher der notwendigen „offenen Türen" ihren Eltern über den Schulalltag und auch schlechte Schulnoten berichten; denn sie haben keine Angst vor deren negativen Überreaktionen. Die Eltern werden im Gegenzug Geschichten über ihre Schulfreundschaften, schlechten Noten und die Beziehungen zu beliebten und unbeliebten Lehrerinnen erzählen; so stellen sie eine beide Generationen gefühlsmäßig verbindende Beziehung her. Andererseits werden Eltern die Einzelheiten ihrer sexuellen Beziehung im Sinne der Metapher von den notwendigen „geschlossenen Türen" nicht im Beisein der Kinder erörtern. Auch die zu Jugendlichen oder jungen Erwachsenen herangereiften Kinder werden für sich entscheiden, ob sie mit den Eltern über ihre ersten sexuellen Erfahrungen sprechen wollen oder ob sie diese Form der Intimität eher mit Peers suchen wollen.

Eine hinsichtlich der Sexualität diffuse Grenze bringt die Gefahr von Inzest und sexueller Gewalt mit sich und ist in diesem Sinn dysfunktional; dadurch werden das entsprechende Kind traumatisiert und das gesamte Familiensystem in die Krise getrieben. Eine starre Grenze im Hinblick auf Themen, die für die gegenseitige Bindung hilfreich sind bzw. waren, fördert zentrifugale Kräfte und ist ebenfalls dysfunktional.

Die Bildung von Grenzen zwischen den Generationensubsystemen ist Grundlage einer diagnostischen Methode, nämlich der „Familienlandkarten" (siehe Ritscher 2002a).

- Die einzelnen Elemente eines Systems (Subsysteme) sind wechselseitig voneinander abhängig und durch *Muster* miteinander verknüpft. An anderer Stelle verwendet Minuchin statt *Muster* auch den Begriff *Struktur*. Muster bzw. Strukturen entstehen durch immer wiederkehrende gleiche bzw. ähnliche Verhaltensweisen, mit denen sich die Mitglieder des Systems zueinander in Beziehung setzen. Sie enthalten Grenzbildungen, Koalitionen, verschiedene Intensitäten der Beziehung und chronifizierte offene oder verdeckte Konflikte. In seinen Forschungen mit psychosomatischen Familien, speziell mit Familien, in dem ein Kind sich anorektisch zeigt, haben Minuchin und seine Mitarbeiter vier grundlegende Beziehungsmuster identifiziert: Verstrickung, Konfliktvermeidung, Überfürsorglichkeit und Starrheit (S. Minuchin, Rosman u. Baker 1989). Ein häufiges problemerzeugendes Muster ist die „Triangulation" (konflikthafte Dreiecksbildung): Zwei Familienmitglieder bzw. Subsysteme, z. B. Vater und Mutter, Mutter und Tochter, Vater und Kinder, verbünden sich gegen einen Dritten; ihre eigenen Konflikte bleiben durch die gemeinsam geführten Konflikte mit dem Dritten verdeckt und müssen nicht bearbeitet werden.

- Innerhalb dieser Muster gibt es unterschiedliche *Intensitäten der Beziehung*: überengagiert, funktional und distanziert. Die überengagierte Beziehung – man kann sie, um eine negative Konnotation zu vermeiden, „sehr nahe Beziehung" nennen – findet sich vor allem im Kontext des verstrickten Musters. In diesem geht es jedem Familienmitglied nur dann gut, wenn es jedem anderen gut geht, und dafür haben alle zu sorgen. Distanzierte Beziehungen finden wir vor allem bei einer zentrifugalen Beziehungsdynamik (Stierlin – siehe Ritscher 2002a) oder innerhalb eines komplementären Musters, wenn ein Elternteil eine sehr enge und der andere eine sehr distanzierte Beziehung zu den Kindern lebt. Funktional wäre wiederum eine Mittelposition zwischen beiden Polen. Einerseits erlaubt sie den Kindern von den Erwachsenen nicht kontrollierte Freiräume, in denen sie vielleicht auch schmerzhafte, aber eben doch eigene Erfahrungen machen können und ihnen auch die Mühe der eigenen Bewältigung schwieriger Situationen nicht erspart bleibt. Andererseits muss ein fürsorgliches Interesse seitens der Eltern diese Nischen einrahmen; sie werden dann helfend eingreifen, wenn Kinder schwierige Situationen aus eigener Kraft nicht oder nur unter größeren Gefährdungen bewältigen können. Das schließt Nähe, die auch körpersprachlich gezeigt werden kann, mit ein.

Neben den Beziehungsintensitäten und Grenzbildungen markiert Minuchin in seinen Familienlandkarten und Triangulationsmodellen auch unterschiedliche Koalitionen (z. B. gegen bestimmte Systemmitglieder gerichtete Bündnisse), verdeckte bzw. offene Konflikte und Konfliktumleitungen (S. Minuchin 1977, S. 70 ff.).

- Die Familie beschreibt Minuchin als ein *Holon*, d. h. eine Ganzheit, in der die einzelnen Subsysteme durch ihre Interaktionen das Ganze hervorbringen. Als System hat sie die Funktion, sich zu erhalten; als Bündnis sichert es die für eine funktionale Sozialisation der Kinder notwendige Kontinuität und Nähe. In diesem Sinne ist sie die „Matrix" von Identitätsentwicklung, Wachstum und Heilung (siehe ebd., S. 65, 141).

Für die therapeutische Praxis entwarf Minuchin das Leitkonzept des Joinings und eine Vielzahl von Methoden.

„Joining", zu übersetzen mit „Anschluss an die Familie finden", ist die grundlegende Aufgabe des Therapeuten. Einerseits muss er bereit sein, mit der Familie zu agieren, einen Platz in ihren Spielen zu finden, sich mit ihr zu identifizieren, ihre Sprache zu übernehmen, also „in ihrem Strom mitzuschwimmen". Andererseits muss er immer wieder die Kraft zur Distanzierung und zur Einnahme der Metaposition haben, d. h., die Familie mithilfe konträrer Sichtweisen, alternativer Handlungsmöglichkeiten und neuer Beziehungsformen herauszufordern, zu verstören und aus der chronifizierten, symptomerzeugenden Homöostase zu bringen. Er befindet sich mal hier, mal dort, und insgesamt balanciert er damit auf dem Zaun zwischen den Welten – der Welt der Familie und der Welt des Beobachters und der darin enthaltenen Normen, Werte und Theorien. Er kann also auch Mitgefühl und Sympathie für die Familie entwickeln – er muss es sogar und wird sie dennoch in manchen Situationen mit unangenehmen Kommentaren, Aufgaben und Forderungen konfrontieren.

Vor dem Hintergrund dieses Leitkonzeptes – man könnte es auch eine professionelle Grundhaltung nennen – verwendete Minuchin die diagnostisch einsetzbaren „Familienlandkarten“ (S. Minuchin 1977; Ritscher 2002a) sowie Konzepte und zugehörige Techniken der Intervention. Ihr Ziel ist die Transformierung dysfunktionaler Strukturen in die „funktionale Neustrukturierung“ des familiären Systems. Dabei scheute er nicht vor provokanten Manövern zurück, um das System aus seinem Gleichgewicht zu bringen, in dem es sich mithilfe des Symptoms des „familiären Symptomträgers“ eingerichtet hatte. Manchmal verbündete er sich mit einem Familienmitglied gegen andere, manchmal forderte er ein Mitglied der Familie heraus, indem er auf den Unterschied zwischen Anspruch und Wirkung in der sozialen Wirklichkeit hinwies, wenn er z. B. einen trotzigen pubertären Jugendlichen fragte, für wie alt er sich halte, und die sich auf das biologische Lebensalter beziehende Antwort mit dem Kommentar unterlief, dass sein Verhalten eher auf einen Drei- oder Vierjährigen hindeute.

Eine Auswahl aus den Interventionskonzepten und den zugehörigen Techniken (aus S. Minuchin 1977, S. 174 ff.)

- Konzept der Intervention: „Aktualisierung der transaktionalen Muster der Familie“. Dazugehörige Techniken:
  - Die „Inszenierung der transaktionalen Muster“ („enactment“): Die Familie wird aufgefordert, ihre üblichen Muster und Verhaltensweisen im Beisein des Therapeuten zu reinszenieren, z. B. durch die Bitte: „Zeigen Sie mir,

wie Sie Ihren Sohn gestern zum Besuch der Schule veranlassen wollten."
- „Wiederbelebung der Kommunikationskanäle": Die Familienmitglieder bzw. die familiären Subsysteme werden veranlasst, direkt miteinander über bisher vermiedene Themen, ungesagte Gefühle oder bislang nicht gelöste Probleme zu sprechen, z. B.: „Bitte sprechen Sie jetzt miteinander darüber, wie sie ihre Tochter zum Essen bewegen können, und ich werde nur zuhören."
- „Manipulation der räumlichen Gegebenheiten": Die Sitzordnung im Raum wird verändert, um bisherige Nähe-Distanz-Regulierungen zu verstören, bisher vernachlässigte Subsysteme zu aktivieren, Dyaden aufzulösen oder neu zu kreieren, z. B. indem die bei jeder Frage an das Kind intervenierende Mutter gebeten wird, sich neben ihren Mann zu setzen und schweigend dem Dialog zwischen Therapeut und ihrem nun neben dem Therapeuten platzierten Kind zuzuhören.

• Konzept der Intervention: „Klare Kennzeichnung der Grenzen". Dazugehörige Techniken:
  - Regeln der Kommunikation, z. B. „Nicht für andere sprechen".
  - Arbeit mit Subsystemen, z. B. wird im Beisein der Eltern nur mit dem Geschwistersubsystem gesprochen, oder es wird eine eigene Sitzung nur mit den Eltern oder nur den Geschwistern durchgeführt.
• Konzept der Intervention: „Die gewollte Eskalation von Belastungen". Dazugehörige Techniken:
  - Blockierung transaktionaler Muster durch direkte Unterbrechung eines störenden oder zum symptomatischen Muster gehörenden Kontaktes, z. B.: „Karl, ich möchte gern, dass du jetzt nicht mit deiner Mutter sprichst, sondern dich mit deiner Schwester darüber unterhältst, wie du ihr bei den Hausaufgaben helfen kannst."

- Betonung von Unterschieden durch die Thematisierung abweichender und bisher ignorierter Gedanken, Gefühle, Wünsche, Interessen, z. B.: „Ich würde jetzt gern die Meinung von … hören, denn er zeigt mit seinem Gesichtausdruck, dass er mit Vaters Meinung nicht einverstanden ist."
- Sichtbarmachung verborgener Konflikte, z. B. durch eine Aufforderung an Vater und Mutter, sich über unterschiedliche Erziehungsvorstellungen zu unterhalten.
- Vorübergehende Bündnisse oder Koalitionen mit einzelnen Familienmitgliedern eingehen, z. B. kann der Therapeut zunächst Verständnis für die überlastete Mutter zeigen und dann den Ehemann bitten, ihr etwas über seine Belastung am Arbeitsplatz zu vermitteln.

• Konzept der Intervention: „Erteilung von Aufgaben". Dazugehörige Techniken:
  - Aufgaben während der Sitzung, z. B. eine Einigung über die gemeinsame Gestaltung des heutigen Abends im Beisein des nur zuhörenden Therapeuten zu finden.
  - Aufgaben für zu Hause, z. B. Beobachtungsaufgaben, gegenseitig einen Wohlfühltag organisieren, einmal in der Woche sollen die Eltern ausgehen und die Kinder allein zu Hause lassen.

• Konzept der Intervention: „Der bewusste Einsatz der Symptome". Dazugehörige Techniken:
  - „Konzentration auf das Symptom": z. B. das lebensgefährdende Risiko bei einer anorektischen Symptomatik betonen, wenn dieses von der Familie ignoriert wird.
  - „Bewusste Übertreibung des Symptoms": Bei einer depressiven Symptomatik soll ihr Träger jeden Tag mindestens dreimal eine Stunde lang nichts weiter tun als offen jammern, weinen und klagen; er darf dabei nicht unterbrochen und nicht kritisiert werden.

- „Neuetikettierung des Symptoms“: Z. B. kann eine anorektische Symptomatik als Machtkampf, bei dem alle verlieren, und nicht als Krankheit bezeichnet werden.

Minuchin legte auch großen Wert darauf, die Kinder aktiv in die Therapie einzubeziehen, indem man sich in ihrer Sprache an sie wendet, ihren Entwicklungsstand berücksichtigt und an ihren Interessen anknüpft.

1.4.2 Die Verbindung von Theorie und Handlungskonzepten im Überblick

Menschenbild und Sozialverständnis	darauf bezogene Handlungskonzepte
• Verhalten ist Rollenverhalten.	• Inszenierung des problematischen Rollenverhaltens („enactment“) in der therapeutischen Situation
• Strukturen und Muster ergeben sich aus sich immer wiederholenden Interaktionen; sie ermöglichen Vorhersagbarkeit und Stabilität.	• grafische Darstellung der Muster und Strukturen in Form von Familienlandkarten (Lageplänen der Familie)
• Verhalten kann funktional oder dysfunktional sein.	• normative Kommentare des Therapeuten
• Das Individuum ist ein eigenes System und ein Subsystem der Familie.	• Grenzen markieren
• die hierarchisch dominante Position der Eltern im Familiensystem und die Notwendigkeit ihrer Verantwortungsübernahme für das Wohlergehen der ganzen Familie, insbesondere der Kinder	• Eltern- und Kindersubsysteme als eigene Einheiten stärken; funktionale Grenzen zwischen ihnen entwickeln • Verantwortung betonen

Erkenntnistheorie	**darauf bezogene Handlungskonzepte**
• die Familie als „Holon": Die Interaktion zwischen den Teilsystemen und die Herausbildung von Mustern bzw. Strukturen sichern das Ganze. • Die Herausbildung von Grenzen im Binnenraum sichert die Teilsysteme, Grenzen zwischen System und äußerer Umwelt sichern seine eigene Identität.	• verbale Hinweise auf die wechselseitigen Abhängigkeiten und die Reinszenierung der die Familienmitglieder verbindenden Muster • Funktionale Grenzen markieren
• Struktur als Folge verfestigter, sich wiederholender Verhaltenssequenzen; ihre Bestandteile sind Grenzen, Bündnisse, Koalitionen, verdeckte oder offene Konflikte, Konfliktumleitungen, Triangulationen.	• Familienlandkarten erstellen • dysfunktionale Familieninteraktionen reinszenieren und unterbrechen
• Funktionalität vs. Dysfunktionalität der Strukturen, Muster und Transaktionen	• konfrontieren
• Verflechtung von Joining, Diagnose und Neustrukturierung des Systems	• Verbindung von Kontakt, sondierenden und neu strukturierenden Maßnahmen
• institutionelle, organisatorische und sozialpolitische Perspektiven	• Arbeit mit Familien und „größeren Systemen" (Imber-Black 1990), Verbindung von Familientherapie, Sozialarbeit und sozialer Netzwerkarbeit (S. Minuchin et al. 1967; P. Minuchin; Colapinto u. S. Minuchin 2000)
Das Therapiesystem	**darauf bezogene Handlungskonzepte**
a) Familiensystem	
• funktionale Grenzen im Allgemeinen und Generationengrenzen im Besonderen	• Grenzen markieren, funktionale Grenzen einführen

• funktionierende Subsysteme	• neu strukturierende Maßnahmen (S. Minuchin 1977), z. B. Änderung der Sitzordnung
• Transformation der Familie zwischen den Therapiesitzungen	• Hausaufgaben • Verschreibung von Ritualen
• Triaden und Dyaden	• Dyaden für bestimmte Themen (z. B. Mutter/Tochter, Vater/Sohn zum Thema Sexualität) bilden, dysfunktionale Triadenbildungen (Triangulationen – z. B. der Vater interveniert, wenn die Mutter sich dem Kind gegenüber durchsetzen möchte, und umgekehrt) blockieren; • räumliche Abgrenzung der gebildeten Dyaden
• Versuche der Familie, die Therapeutin zu einem Teil ihres Systems zu machen	• die Führungsposition einnehmen und erhalten
b) Therapeutinnensystem	
• die familiäre Binnenstruktur erkunden	• Gummilinse: Je nach Situation wird auf ein Subsystem fokussiert. • Familienlandkarte erstellen • sondierende Maßnahmen ergreifen (z. B. bewusste Eskalation von Konflikten), um das dann wirksame Muster zu erkunden
• Nutzung der eigenen Person	• die eigenen Ressourcen nutzen • die eigenen Grenzen kennen
• Führungsposition	• aktiver und direktiver Therapiestil

• technische Kompetenz zur Neustrukturierung eines dysfunktionalen Familiensystems	• Inszenierung von Interaktionen und Mustern durch „Manipulation des Raumes" • Markierung von Grenzen durch Heraushebung der Subsysteme und Dyaden • Eskalation von Belastungen durch Provokation, Konfrontation, Konfliktverstärkung • Verfestigung neuer Informationen und Muster durch Wiederholungen von Kommentaren und Hausaufgaben • bewusster Einsatz von Symptomen, z. B. ihre Übertreibung • Instruktionen für die Eltern (siehe S. Minuchin, Rosman u. Baker 1989, S. 168 ff.).
• Joining (Anschluss an die Familie finden)	• Kontakt herstellen, sich an die Sprache und Themen der Familie anpassen
• Jenseits der Technik	• Spontaneität, Intuition, Erfahrung
c) Das Therapiesystem als übergeordnete Einheit	
• Der Zusammenschluss von Familien- und Therapeutinnensystem zum Therapiesystem wird über die Therapeutin vermittelt und gesteuert.	• durch direktive Interventionen von Anfang an die Führungsposition einnehmen
• Joining der Therapeutin und Versuche der Familie, sie zum Mitglied ihres Systems zu machen ergeben in ihrem Zusammenspiel ein Muster des therapeutischen Wechsels zwischen Identifikation mit der Familie und distanzierter Beobachtung von außen.	• Die Therapeutin muss in der Lage sein, wechselnde Bündnisse mit allen Familienmitgliedern und familiären Subsystemen zu schließen, und sich als „teilnehmende Beobachterin" des Systems definieren.

1.4.3 Die Bedeutung der strukturellen Familientherapie für das Konzept einer systemischen Familiensozialarbeit

Die bisherige Beschreibung zeigt die originäre Bedeutung von Minuchin und seiner Gruppe für die Soziale Arbeit. Besonders hervorzuheben ist ihr Bezug auf gesellschaftlich marginalisierte Familien, die Herausarbeitung der Bedeutung von Kooperation nicht nur zwischen Adressatinnen und Fachkräften, sondern auch zwischen den Fachkräften und den verschiedenen im Hilfesystem agierenden Einrichtungen bzw. Organisationen und Institutionen sowie die Betonung der Familienperspektive auch bei auf den Hilfebedarf der Einzelnen bezogenen Diagnosen und Interventionen. Darüber hinaus ist die strukturierende und direktive Vorgehensweise Minuchins im Kontext der Sozialen Arbeit oft – nicht immer – hilfreich, weil sie gerade den sozial unterprivilegierten Adressatinnen mehr Schutz gewährt als eine ganz offene, auf die Aktivität der Familie wartende Haltung der Fachkräfte. Wichtig ist dabei, dass dieser Stil durch das Konzept des Joinings eingerahmt wird, was Respekt, Akzeptanz und partielle Nähe zwischen Sozialarbeiterinnen und ihren Adressatinnen sichert. Auch Minuchins Interventionskonzepte und die dazugehörigen Techniken (durch den systematischen Bezug dieser beiden Seiten aufeinander werden Techniken zu Methoden) sind wertvolle Praxishilfen für Sozialarbeiterinnen.

2. Der systematische Zugang: Die „Einfädelung“ der systemischen Familientherapie in die Soziale Arbeit mit Familien

2.1 Grundlegende Perspektiven für die „Einfädelung“ der systemischen Familietherapie in die Soziale Arbeit

Soziale Arbeit mit Familien und Familientherapie hat:

- einen gemeinsamen Bezugspunkt: die professionelle psycho-soziale Arbeit mit Familien
- ein gemeinsames Ziel: die Auflösung schwer wiegender Probleme der familiären Alltagsbewältigung, die im Sinne einer positiven Rückkoppelung wiederum Kräfte für eine konstruktive Entwicklung der betreffenden Familie freisetzt
- eine gemeinsame Orientierung: die Beziehungen zwischen Menschen, ihren inneren biopsychischen und äußeren biosozialen Umwelten (wobei die Familientherapie die inneren Kontexte stärker berücksichtigt als die Soziale Arbeit)
- und – dies ist mein Vorschlag zur systematischen Verknüpfung beider Handlungsbereiche – ein theoretisches Muster, das beide verbindet: ein *systemisches* Reflexions- und Handlungskonzept für die Arbeit in (als problematisch definierten) psychosozialen Systemen – in diesem besonderen Fall: Familien.

Diese grundlegenden Perspektiven enthalten in sich viele Hypothesen, Konzepte, theoretischen Konstrukte, von denen ich im weiteren Verlauf einige herausarbeiten möchte. Darüber hinaus gilt es, die praktischen Folgen einer Einfädelung der systemischen Familientherapie in die Soziale Arbeit mit Familien im Kontext des oben angesprochenen systemischen Handlungs-

und Reflexionskonzeptes zu benennen. Damit wird auch der Umriss einer *systemischen Sozialen Arbeit* entworfen. (Zu den Diskussionen um ein Gesamtkonzept der systemischen Sozialen Arbeit siehe u. a. Lüssi 1992; Hollstein-Brinkmann 1993; Pfeifer-Schaupp 1995; Staub-Bernasconi 1995; Milowiz 1998; Kraus 2002; Kleve 2003; Herwig-Lempp 2002; Ritscher 2002a; Hosemann u. Geiling 2005; Ritscher 2005a; Kühling 2006.)

2.2 Bezugspunkte

2.2.1 Bezugspunkte der Sozialen Arbeit und der Sozialen Arbeit mit Familien

Worum geht es allgemein in der Sozialen Arbeit?

> „Es geht um die Handlungsfähigkeit von Menschen […] in ihrer Umwelt, also um die Entwicklung, Veränderung oder Verbesserung von Fähigkeiten und Möglichkeiten zum Leben in der Gesellschaft, zur Einflussnahme auf die eigenen Lebensbedingungen und den ökologischen Umgang mit diesen.
>
> Der Bereich der (noch) nicht entwickelten oder beschränkten Handlungsfähigkeiten, auf welchen sich Soziale Arbeit bezieht, ist der Bereich sozialisationsbedingter, bildungsbedingter, materieller, physischer, psychischer und/oder sozialstrukturell bedingter Einschränkungen, die der Bewältigung des Alltags im Wege stehen.
>
> Mit diesen Elementen soll die Abgrenzung zu ebenfalls auf Handlungsfähigkeit bezogenen Wissenschaften ermöglicht werden. Für Soziale Arbeit stehen nicht personenbedingte Fragen der Handlungsfähigkeit im Vordergrund, sondern Fragen zur Vermittlung zwischen Individuum und Lebenssituation (Alltagsbezug). Nicht intrapsychische Vorgänge, sondern die Wechselseitigkeit von Person und Le-

> benslage werden aufgegriffen. Der Handlungsbereich des Berufes liegt zwischen individueller Lebensbewältigung und gesellschaftlichen Prozessen [...].
>
> Der Gegenstand ist weiter durch ein normatives Element zu begrenzen. Handlungskompetenz und Einflussnahme soll die Chance der politisch-gesellschaftlichen Partizipation und der individuell-biografischen Entwicklung eröffnen. Für eine staatliche Fachhochschule kann eine solche normative Orientierung nicht an beliebigen Menschenbildern erfolgen. Normative Orientierungspunkte sind hier Menschen- und Grundrechte der Verfassung und Staatszielbestimmungen wie Demokratie, Sozialstaat und Rechtsstaat" (Grundsatzpapier der HES Esslingen, zit. nach Ritscher 2002a, S. 160 f.).

Die hierfür erforderliche weiter gehende Theoriebildung der Sozialen Arbeit richtet sich u. a. auf folgende Bereiche:

- den Alltag der Menschen in unserer Gesellschaft und ihre Lebenswelt (vgl. Thiersch 1992)
- ihre Lebenslagen und Handlungsspielräume (Böhnisch 1982); die sie zum Klientel der Sozialen Arbeit machenden Problemlagen
- gesellschaftliche Prozesse der Ausgrenzung, Benachteiligung, Stigmatisierung, die zur Konstellation „sozialer Probleme" führen und sozialarbeiterische Interventionen erforderlich machen
- Strukturen der allgemeinen sozialen Sicherung und die Erschließung darin begründeter materieller, ausbildungs- und bildungsmäßiger Ressourcen für ihre unterprivilegierten Klientinnen
- den gesellschaftlichen Auftrag an die Soziale Arbeit, „Angebote" und „Eingriffe" miteinander zu verbinden[2]
- das Ziel der Sozialen Arbeit: Alltagsbewältigung zu ermöglichen.

Ein gemeinsames Problem der Sozialen Arbeit und der Familientherapie ist es, dass sie es immer mit Problemen zu tun haben. Das kann den Blickwinkel im Sinne einer Defizitorientierung einschränken. Diese verführt die Helferinnen dazu, Hilfe als direktive Intervention von außen zu definieren, weil es innerhalb des Systems scheinbar zu viele Defizite und zu wenig Ressourcen gibt. Nur mit einer konsequenten Ressourcenorientierung können Soziale Arbeit und Familientherapie dieser strukturellen Verführung widerstehen.

Dennoch, wir bleiben bei Problemen. Sie sind der Ausgangspunkt Sozialer Arbeit und gehören mit zur ihrer Gegenstandsbeschreibung.

Staub-Bernasconi (1994, S. 14 ff.) hat sie vier Kategorien zuordnet:

- *Ausstattungsprobleme*: Es ist kein ausreichender Zugang zu den gesundheitsfördernden materiellen und kommunikativen Ressourcen und Errungenschaften der Kultur bzw. Gesellschaft vorhanden. (Gesundheit ist hier sehr weit reichend als körperliches, psychisches, geistiges Wohlbefinden zu verstehen, das zugleich Voraussetzung und Resultat eines erfolgreichen sozialen Handelns ist.)
- *Austauschprobleme*: „Ausgangspunkt dieser Probleme ist die bereits mehrfach erwähnte Tatsache, dass Menschen zur Befriedigung ihrer Bedürfnisse und Wünsche in Bezug auf Nahrung, Sexualität, Kleidung, Wohnung, Bildung, physische und soziale Sicherheit, medizinische Versorgung, aber auch in Bezug auf alle weiteren psychischen, sozialen und kulturellen Bedürfnisse existenziell auf andere Menschen und deshalb auf Austauschbeziehungen angewiesen sind“ (ebd., S. 20). Es geht um einen gerechten Austausch innerhalb von personalen und strukturellen gesellschaftlichen Beziehungen. Wo die Gegenseitigkeit im Austauschprozesse fundamental verletzt wird, entsteht Ungleichheit

– Staub-Bernasconi nennt das „Asymmetrien des Gebens und Nehmens". Die daraus entstehende gegenseitige Verletzung und Entwertung hat aller Voraussicht nach sehr negative Folgen für die Beziehung und den Selbstwert der Beteiligten.

- *Machtprobleme*: Macht hat als „Begrenzungsmacht" eine positive soziale Funktion, weil sie Menschen mit Ausstattungs- und Austauschproblemen vor Übergriffen der in dieser Hinsicht privilegierten Mitbürgerinnen und sozialen Organisationen schützt. Als „Behinderungsmacht" schützt sie hingegen diese schon privilegierten Personen und Organisationen nach dem alten Motto „Wer hat, dem wird gegeben" bei ihrer Expansion. Vor dem Hintergrund des Auftrags Sozialer Arbeit (Soziale Arbeit ist „der einzige Beruf, [...], der seine Verpflichtung zur Solidarität mit den sozial Schwachen und Benachteiligten nicht aufgeben kann, ohne seinen Berufsinhalt aufzugeben" – ebd., S. 78) ist das als sozial schädlich zu bewerten, und Soziale Arbeit hat hier eine kompensatorische Aufgabe.
- *Kriterienprobleme*: Sie entstehen aus dem menschlichen Grundbedürfnis, sich Werte zu setzen, über das Bestehende hinauszugehen und bessere Welten zu antizipieren. Dies hat Ernst Bloch (1973) in *Das Prinzip Hoffnung* eindrücklich beschrieben. Die Diskrepanz zwischen dem, was ist, und dem, was sein sollte, ist aber nicht nur ein Motor für Veränderung, sondern auch die Quelle für Frustrationen, Kränkungen, Ängste. Unterschiedliche Auffassungen über die gegenwärtigen Zustände und über zukünftig bessere Zeiten erzeugen Konflikte bzw. Machtkämpfe. Werte werden im Namen „besserer Werte" entwertet. Ein Konflikt im Feld kultureller Werte ist zugleich auch ein Selbstwertkonflikt der betroffenen Menschen. Soziale Arbeit muss hier den Eigenwert jedes Menschen, seiner Überzeugungen und Wünsche thematisieren und zu einem toleranten Diskurs

über Werte einladen. Hier hat sie eine Vermittlerinnenfunktion.

Der Vorteil der Sozialen Arbeit (der unter der Perspektive der dadurch notwendigen Kompetenzenvielfalt auch ein Nachteil sein kann) liegt im Sinne dieser Gegenstandsbeschreibung in der Weite des Betrachtungsfeldes – die Probleme der Klientinnen werden von Anfang an als ihre Antwort auf gesellschaftlich induzierte Probleme verstanden, die durch infrastrukturelle Maßnahmen der Gesellschaft und Soziale Arbeit gelöst, zumindest begrenzt werden können. Überpointiert und plakativ ausgedrückt: statt individueller Regression in der Spieltherapie eine Tagesgruppe zum Erwerb sozialer Kompetenzen, statt Familiengesprächen in der Beratungsstelle eine vor Ort präsente Familienhelferin, statt Fragen nach der Bedeutung diffuser Grenzen in der Familie die Suche nach einer größeren Wohnung, wo jede ihr Zimmer hat und die Tür hinter sich zumachen kann. Aber genau dieser Vorteil gerinnt zum Nachteil, wenn sozialarbeiterische Unterstützungsangebote nicht die Beziehungssymbolik als die andere Seite der materiellen Problematik in Rechnung stellen (vgl. Goldbrunner 1988, 1991).

Diese Gegenstandbeschreibung oder auch Bezugspunkte der Sozialen Arbeit sind weitreichend und vielfältig, Soziale Arbeit mit Familien nur ein Teil von ihr. Dabei kann die Kinder- und Jugendhilfe als der Bereich gelten, in dem die Arbeit mit der Familie die vorrangige Handlungsperspektive darstellt (siehe Ritscher 2005b). Die Kinder- und Jugendhilfe ist durch das KJHG – SGB VIII – (siehe BfFSFJ 1999) gesetzlich geregelt. Im KJHG selbst hat die Familienperspektive einen zentralen Stellenwert neben dem Elternrecht und einem eigenständigen Recht der Kinder und Jugendlichen auf die Förderung ihrer Entwicklung. Der wichtige Stellenwert der Familie ergibt Sinn, denn die Familie ist allen Unkenrufen zum Trotz immer noch das entscheidende System der primären Sozialisation – nur die Familienformen sind vielfältiger geworden. Die sich individualisierende Gesellschaft bringt nicht den *Tod der Familie* (Cooper 1972), den linke Gesellschaftskritiker in den 60er- und 70er-Jahren des vorigen Jahrhunderts erhofft hatten. Stattdessen hat eine Pluralisierung der Lebens- und damit auch Familienformen stattgefunden, in der die klassische zweigenerationale Kernfamilie zwar noch die zahlenmäßig wichtigste ist, aber nicht mehr die Norm, an der gemessen alle anderen Formen als Abweichung zu gelten haben. Einelternfamilien, Fortsetzungs- bzw. Stieffamilien, multilokale Familien, dreigenerational organisierte Familien, schwule und lesbische Paare mit Kindern sind heute kein kultureller Skandal mehr, sondern Teil der pluralisierten privaten Lebensformen.[3] In diesem Sinne ist unserer Gesellschaft liberaler geworden und achtet mehr als früher die Freiheit der persönlichen Selbstbestimmung. Die privaten Lebensformen des Single und der Partnerschaft bzw. Ehe ohne Kinder gewinnen als Alternative zu den familiären Lebensformen zwar an Boden, dennoch ist die Familie immer noch die Institution der primären Sozialisation von Kindern, die statistisch häufigste und darüber hinaus von den meisten Jugendlichen und Erwachsenen gewünschte – wenn auch nicht immer realisierte – private Lebensform (siehe Busch u. Nave-Herz 2005).

Familien sind eine besonders wichtige und zahlreiche Klientel der Sozialen Arbeit; wie gesagt, die familienorientierte Sichtweise und der entsprechende Maßnahmenkatalog im KJHG – SGB VIII – („Hilfen zur Erziehung“: §§ 27 ff.) spiegeln dies wider. Die Mehrzahl ihrer Klientinnenfamilien kommt nicht – wie oft zu hören ist – aus dem Bereich der Familien mit vielfältigen Problemen.[4] In den Einrichtungen der Jugendhilfe suchen viele Familien Rat, die sich in einer kritischen Übergangssituation befinden – Einelternfamilien in ihrer Formierungsphase, Familien im Prozess der Trennung bzw. Scheidung, Eltern im Prozess der Abnabelung von ihren eigenen Eltern; wir finden Familien, die wegen Schwierigkeiten im Erziehungsalltag, wegen in Schule,

Kindergarten oder Öffentlichkeit sich auffällig zeigenden Kindern Hilfe suchen; und zunehmend muss sich die Soziale Arbeit dem Phänomen von Gewalt, Missbrauch und Misshandlung in „ganz normalen Familien" stellen.

Außer in dem Arbeitsfeld der Kinder- und Jugendhilfe hat die systemische Arbeit mit Familien – zumindest diejenige mit familiensystemischer Sichtweise – auch in anderen Feldern der Sozialen Arbeit einen großen Stellenwert gewonnen. Ich denke hier u. a. an:

- die Sozialpsychiatrie, welche die Arbeit mit Angehörigen erforderlich macht
- Krankenhaussozialarbeit
- Hilfe bei Suchtproblemen
- Schwangerschaftskonfliktberatung
- Ehe-, Familien- und Lebensberatung
- Schulsozialarbeit als direkte Erweiterung der Jugendhilfe in den Bereich der Schule hinein
- die Sozialarbeit mit Suchtsystemen, die ihr Augenmerk auf die Beziehung zwischen drogenabhängigen Eltern(teilen) und ihren Kindern richten muss (May 1999)
- Arbeitsförderungsmaßnahmen
- Straffälligenhilfe
- Arbeit mit alten Menschen
- Soziale Arbeit mit behinderten Menschen
- Betreuungen nach dem Betreuungsgesetz
- und den ganzen Bereich der Jugend- und Erwachsenenbildung.

2.2.2 Bezugspunkte der systemischen Familientherapie

Der Gegenstand bzw. die Bezugspunkte der Familientherapie im engeren Sinne sind von der Familie und/oder von psychosozialen und medizinischen Professionellen sprachlich benannte Probleme der familiären Kommunikation:

- die zu individuellen Symptomen gerinnen
- offene Beziehungskonflikte induzieren
- sowie eine Chronifizierung misserfolgsorientierter Problemlösungsversuche und Beziehungsmuster begünstigen.

Der Vorteil dieser relativ engen Gegenstandsbeschreibung ist die Übersichtlichkeit des Arbeitsfeldes und der von den Klientinnen angebotenen Problemlagen. Ihr Nachteil liegt in der Gefahr, dass trotz aller gegenteiliger Bekundungen die soziale Wirklichkeit auf den familiären Binnenraum beschränkt und die Relevanz „größerer Systeme" (Imber-Black 1990) für die Problementstehung bzw. -aufrechterhaltung nicht ausreichend thematisiert wird. Darüber hinaus – darauf macht Staub-Bernasconi (1995, S. 223 ff.) aufmerksam – besteht die Gefahr, Kommunikation auf den Austausch von Bedeutungen zu reduzieren und materielle Probleme aus den Augen zu verlieren.

Dieser Gefahr kann einerseits durch die konzeptionelle Entwicklung von der Familientherapie zur *systemischen* Familientherapie, andererseits durch deren Verknüpfung mit den Theorie-Praxis-Perspektiven der Sozialen Arbeit begegnet werden.

Die systemische Perspektive ernst zu nehmen heißt, kontextuell zu denken und dabei auf unterschiedliche kontextuelle Ebenen zu achten. Die Theorie-Praxis-Perspektiven der Sozialen Arbeit zu beachten heißt, soziale Kontexte hinsichtlich ihrer Bedeutung für die Genese langfristiger individueller und familiärer Probleme zu befragen und das gemeinsame Handeln von Adressatinnen und Sozialarbeiterinnen im Hilfeprozess auf sie zu beziehen. Durch diese Kombination beider Perspektiven werden die Bezugspunkte für das „diagnostische Fallverstehen"[5] und das lösungsorientierte Handeln („Intervention") ausgeweitet. Nun geraten die Verflechtungen der Familie mit anderen Systemen des gesellschaftlichen Lebens (z. B. der Schule, dem den Erwerbsarbeitsplatz für Vater oder Mutter zur Verfügung stellenden Industriebetrieb) und den unter der Prämisse des Sozialstaates entstandenen formalen Unterstützungssystemen (z. B. das Jugendamt) für die Bewältigung familiärer Krisen in das Blickfeld.

2.2.3 Das ökosoziale Modell der Systemebenen als Konzept, in dem sich Soziale Arbeit und Familientherapie treffen

Als Konzept für das diagnostische Fallverstehen, das beide Perspektiven verbindet, bietet sich das ökosoziale Modell der Systemebenen von Bronfenbrenner an (siehe Bronfenbrenner 1981; Ritscher 2002a). Er unterscheidet Mikro-, Meso-, Exo- und Makrosysteme und das Chronosystem.

Mikrosystem: das primäre Bezugssystem eines Menschen (Kindes); z. B. ein Kind im Kontext seiner Familie, seiner Schule, seiner Kindertagesstätte; oder die Erziehungsarbeit leistende Mutter im Kontext der Kernfamilie; oder der Erwerbsarbeit leistende Vater im Kontext seines Betriebes.

Mesosystem: die Kombination von zwei oder mehreren Mikrosystemen über eine Rollenträgerin, die in allen fraglichen Systemen agiert; z. B. Familie und Schule, verknüpft über das Kind; oder Familie und Kindertagesstätte, verknüpft über die Mutter, die in einem engen Kontakt mit den Erzieherinnen ihres Kindes steht.

Exosystem: ein im ökonomischen, politischen, kulturellen oder wissenschaftlich-technischen Sektor der Gesellschaft verortetes Entscheidungssystem – z. B. eine Regierung, eine Verwaltungsbehörde, eine Gewerkschaft –, das primär strukturell und nicht personell an Mikro- und Mesosysteme angekoppelt ist. In diesem System fallen wichtige Entscheidungen für den Alltag der Mikro- und Mesosysteme (z. B. Entscheidungen über den „Familienlastenausgleich“). Die Mitglieder eines Exosystems befinden sich im Gegensatz zu Mikro- und Mesosystemen nicht in einem alltäglichen, selbstverständlichen Kontakt, sondern müssen diesen bei besonderen Anlässen und unter bestimmten Bedingungen erst herstellen (ein Besuch bei der Bundeskanzlerin, dem Landrat oder dem Jugendamtsleiter setzt bestimmte bürokratische Prozeduren voraus). Im Rahmen ihres Auftrages können Rollenträgerinnen eines Exosystems einen intensiven und kontinuierlichen Kontakt mit Mitgliedern eines Mikrosystems herstellen und so ein Mesosystem mit ihnen zusammen bilden.[6]

Makrosystem: die gesamtgesellschaftlichen Normen, Werte, Ziele, Rollendefinitionen, juristischen Regelsysteme des sozialen Lebens, Zuordnungen zu bestimmten gesellschaftlichen Gruppen, gesellschaftliche Überordnungs- und Unterordnungsverhältnisse, usw., die im Sinne einer allgemeinen Orientierung die Prozesse des kommunikativen Handelns von Mikro-, Meso-, Exosystemen beeinflussen.

Der alle Systeme umgreifende Kontext ist das *Chronosystem*. Es führt die Perspektive der Zeit und damit der Entwicklung für die vier Systeme ein. Innerhalb ihrer Entwicklungslinien gibt es krisenhafte Verdichtungen – ökologische Übergangskrisen. Sie markieren kritische Zeitpunkte und Ereignisse, in denen bisher funktionale Systemstrukturen in neue überführt („aufgehoben" – siehe 1.2.1) werden, damit die System-Umwelt-Beziehungen auch unter veränderten Umweltbedingungen angemessen (d. h. systemerhaltend) reguliert werden können.

Kritische Leser und Leserinnen werden nun berechtigterweise die Frage nach dem Subjekt, dem reflexionsfähigen einzelnen Menschen im System, stellen. Haben im systemischen Ansatz ein Kind, eine Frau, ein Mann nur als Rollenträgerinnen und durch ihre Beiträge zum Systemprozess einen Platz? Dem ist nicht so, aber eine systemische Konzeption des Subjektes versucht, seine Existenz an die Leistung der Abgrenzung und Individuation in der Bezogenheit[7], die Kommunizierbarkeit der eigenen Erfahrungen und die persönliche Selbstthematisierung im Dialog zu knüpfen. Die Frage nach dem Selbst ist zugleich die Frage nach den anderen, Individualität ist gebunden an Sozialität, psychische Prozesse sind immer auch kommunikative Prozesse, und nur in Unterscheidungsbeziehungen können wir uns als unverwechselbar und mit uns selbst identisch erfahrenen. Insofern ist die kleinste Einheit dieses Modells nicht das Individuum, sondern das Mikrosystem als nicht hintergehbarer Kontext subjektiver Existenz.

2.3 Die „Einfädelung“ der systemischen Familientherapie in die Soziale Arbeit mithilfe der systemischen Perspektive

Vor dem Hintergrund des ökosozialen Modells lässt sich die Arbeit mit Familien nicht mehr auf den klinischen Bereich einschränken, der immer noch durch einen in der Tradition der Körpermedizin gebildeten Krankheits- und Therapiebegriff strukturiert wird. Nun können die vormals getrennten Bereiche von Therapie, Beratung, Pädagogik, Sozialarbeit als Teilsysteme im Gesamtkonzept der *systemischen Sozialen Arbeit mit Familien* verknüpft werden.

Ihre hauptsächlichen Bezugspunkte heißen:

- Die Beeinflussung politischer Entscheidungs- und kultureller Kommunikationsprozesse mit dem Ziel, die Lebensbedingungen von Familien so zu verbessern, dass die Lösung notwendig auftretender Übergangskrisen im familiären Lebenszyklus (siehe Ritscher 2002a) nicht zusätzlich durch gesellschaftliche Barrieren erschwert wird (Fokus: Makrosystem).
- Die Lösung sozialer Probleme in der Familie (Mikrosystem) selbst und/oder in ihren Kontexten (Meso- und Exosysteme) durch professionelle Kommunikationsangebote (Beratung bzw. Therapie) sowie eine Kombination materieller und kommunikativer Hilfen.
- Dazu muss sich das gesamte Unterstützungssystem (die Kombination von Adressatinnen- und Helferinnensystemen) um die Erschließung, Umsetzung und Gestaltung von

psychischen, kommunikativen, materiellen, körperlichen Ressourcen bemühen.

- Ziel des Unterstützungssystems ist eine Problemlösung, die sich in einer gelingenden Alltagsbewältigung (Thiersch, Grunwald u. Köngeter 2002) des Klientinnensystems ausdrückt.
- Um dieses Ziel zu erreichen, gestaltet das Unterstützungssystem ein „Arbeitsbündnis“ (Stierlin et al. 1977), das sich aus einer beziehungsdynamischen Komponente (Joining, siehe 1.3.1) und aus einem Hilfeplan (siehe 2.5.2) zusammensetzt.
- Für diese Aufgaben benötigt die systemische Familiensozialarbeit eine Vielzahl von Settings.
  - Eine erste grundsätzliche Unterscheidung ist die zwischen „Kommstruktur“ und „Gehstruktur“. Im ersten Fall suchen die Adressatinnen von „Angebot“, „Eingriff“ oder „gemeinsamem Handeln“ (Müller 1993) die Sozialarbeiterin in deren Einrichtung auf. Im zweiten Fall kommt die Sozialarbeiterin in die Wohnung und das Wohnumfeld der Adressatinnen und realisiert dadurch das Prinzip der Alltags- und Lebensweltorientierung Sozialer Arbeit (siehe Thiersch 1992). In diesem Fall sprechen wir auch von „aufsuchender Sozialer Arbeit“.
  - In der Einzelfallarbeit kann die Sozialarbeiterin zu unterschiedlichen Zeitpunkten mit der gesamten Familie oder deren „Subsystemen“ (siehe 1.4) zusammenkommen. Arbeiten zwei Sozialarbeiterinnen in der konkreten Einzelfallarbeit zusammen (Ko-Arbeit[8]), können sie sich parallel mit jeweils einem der Subsysteme zusammenschließen. Z. B. könnte die eine Kollegin mit den Eltern ein Beratungsgespräch über Erziehungsprobleme mit ihrer pubertierend-aufbegehrenden Tochter führen, die andere mit der Tochter auf einem Spaziergang mit Cafébesuch deren Perspektive zur Sprache kommen lassen.

Danach können sich alle wieder treffen, oder es können nun die anderen Geschwister durch eine Spielrunde auch zu ihrem Recht auf Aufmerksamkeit durch die Erwachsenen kommen.

- Sollte der Hilfebedarf unklar und damit verbunden die Ziel- und Auftragsklärung schwierig sein, könnte nach einem ersten dies deutlich machenden Gespräch mit der zuständigen Sozialarbeiterin ein „Clear-Talk“ (Herchenhan u. Heppel 2005) initiiert werden, in dem mit einer anderen, neutralen Kollegin eine diesbezügliche Klärung angestrebt wird.
- Unter der sozialräumlich-lebensweltorientierten Perspektive kann die Sozialarbeiterin zusammen mit der Familie oder ihren Teilsystemen wichtige Orte ihres Alltags aufsuchen, z. B. Kindergarten, Schule, Sozialamt, einen Kinderspielplatz im Wohnquartier, das Jugendhaus usw. (siehe Ahrens et al. 2005). Darüber hinaus lassen sich unter dieser Perspektive weitere Settings der Einzelfall- oder Gruppenarbeit für die Familie oder ihre Teilsysteme herstellen, z. B. eine Tagesgruppe für das als problematisch bezeichnete Kind, Beratungsgespräche bei einer Erziehungsberatungsstelle oder die Elternschule, in der Eltern und Kind gemeinsam durch Aufgaben der Alltagsbewältigung hinsichtlich der Entwicklung ihrer Beziehung und ihrer persönlichen Kompetenzen gefördert werden (siehe Wnuk-Gette, Wnuk u. Fischer 2005).
- Unter der Perspektive der „Netzwerkarbeit“ (Ritscher 2005b) lassen sich Helferinnenkonferenzen, runde Tische mit allen in das Problem involvierten Systemen (= Mesosystem, z. B. Familie + Jugendamt + Schule), Stadtteilrunden mit allen dort tätigen Einrichtungen, runde Tische im Gemeinwesen mit an einer bestimmten Frage interessierten Bewohnerinnen und den hier engagierten Fachleuten initiieren. Dabei ist die Sozialarbeiterin u. a.

in der Funktion des „Case-Managements“ gefragt (siehe Kleve et al. 2003).

Systemische Familientherapie und Soziale Arbeit haben eine Vielzahl – sich ergänzender – Methoden und Techniken entwickelt, die in der Familiensozialarbeit sowohl für das diagnostische Fallverstehen als auch die Arbeit an Problemlösungen („Interventionen“) nutzbringend angewendet werden können. Ein kurzer Überblick hierzu findet sich im weiteren Verlauf dieses Kapitels.

Die systemische Perspektive wurde bis in die 80er-Jahre des vorigen Jahrhunderts von der Sozialen Arbeit nicht systematisch aufgegriffen. Die Familientherapie hingegen verdankt ihr Entstehen der in den 40er- und 50er-Jahren entwickelten „Kybernetik“ (Simon, Clement u. Stierlin 1999, S. 192 ff.); deren Pioniere wandten ihre Aufmerksamkeit den ein System charakterisierenden Zusammenhängen und kreisförmigen Prozessen zu. Das Modell des Systems wurde zum zentralen Motor dieses neuen Verfahrens, das sich als Alternative zur Individualtherapie, Individualdiagnostik und den darin vorherrschenden kausalen Erklärungsmustern verstand. In den 80er-Jahren erfolgte dann der theoretische Sprung von der „ersten“ zur „zweiten Kybernetik“. Der Konstruktivismus bot die Chance einer Wiederentdeckung der Subjektivität und einer die Freiheit der Selbstorganisation betonenden Perspektive. (hierzu Herwig-Lempp 2002). Im Zuge dieser erkenntnistheoretischen Entwicklungen wurde aus der Familientherapie die Systemische Therapie: Nicht mehr das Familiensetting war das entscheidende Charakteristikum, sondern das systemische Denkmodell im Kopfe der Therapeutinnen. Es weitete sich der Blick auch über die Familie hinaus auf andere soziale Systeme, in denen Menschen handeln und sich gegenseitig „verstören“. Damit war die Möglichkeit gegeben, den engen klinischen Rahmen der Familientherapie zu überwinden und professionelles systemisches Denken und Handeln in anderen psychosozialen Feldern zu etablieren. Es entstanden nun Konzepte systemischer Organisationsberatung (Mara Selvini Palazzoli et al. 1986), systemischer Supervision (Ritscher 2004a; Ritscher u. Iser 2005c), systemischer Gruppen- und Teamarbeit (Herwig-Lempp 2004) und eben auch einer systemischen Sozialarbeit (z. B. Masson u. O'Byrne 1984; Goldbrunner 1988, 1991; Ritscher 1991, 2002a; Hollstein-Brinkmann 1993; Kron-Klees 1994, 2001; Staub-Bernasconi 1995; Pfeifer-Schaupp 1995; Brandl-Nebehay u. Russinger 1995; Milowiz 1998; Kraus 2002; Herwig-Lempp 2002; Kleve 2003; Kleve et al. 2003; das Themenheft „Soziale Arbeit als systemische Praxis“ der Zeitschrift *Kontext* 35 (2), 2005; Hosemann u. Geiling 2005; Kühling 2006).

Auch im Rahmen der systemischen Therapie mit Familien wurde nun mit unterschiedlichen Settings experimentiert, es entstand z. B. die systemische Einzeltherapie (Boscolo u. Bertrando 1997), auch als „Familientherapie ohne Familie“ bezeichnet (Weiss 1988). Es wurden Konzepte für die Arbeit in speziellen Organisationen entwickelt, z. B. für Heime (Schindler 1996), für spezielle private Lebensformen, z. B. schwule Paare (Symalla u. Walther 1997) und die interkulturelle Arbeit (von Schlippe, El Hachimi u. Jürgens 2003).

Dennoch halte ich es für nützlich, zwischen systemischer Therapie und systemischer Familientherapie zu unterscheiden, da die Familie als ein besonderes soziales System auch einige spezifische Perspektiven und Konzepte für die professionelle Arbeit mit ihr erforderlich macht (siehe 2.4).

Wenn nun die Konzepte der systemischen Familientherapie für die Familiensozialarbeit im Sinne einer Einfädelung nutzbar gemacht werden sollen, muss sichergestellt sein, dass die theoretischen Begründungen beider Konzepte vereinbar sind. Deshalb geht es bei der Einfädelung der systemischen Familientherapie in die Familiensozialarbeit immer auch um die Zusammenführung des systemischen Ansatzes insgesamt mit der Sozialen Arbeit zu einem wissenschaftlich begründeten Handlungssystem.

Dann lassen sich sowohl die erkenntnistheoretischen Grundlagenmodelle als auch die systemorientierten Handlungskonzepte der systemischen Familientherapie für die theoretisch-praktische Neuorientierung der Sozialen Arbeit im Allgemeinen und der Familiensozialarbeit als Teil von ihr nutzen.

Diese Einfädelung geht auf mehreren Ebenen vor sich:

- Systemische Familientherapie und Soziale Arbeit gewinnen eine gemeinsame *erkenntnistheoretische Grundlage* für die professionelle Arbeit in und mit sozialen Systemen – Stichworte: die Einheit von Beobachterin und Beobachteten und das Konzept der subjektiven Rekonstruktion von Wirklichkeit (siehe Ritscher 2002a, 2004a). Entscheidend ist zunächst der durch das Systemdenken eingeleitete Paradigmenwechsel von einer objektiven zu einer epistemischen Wissenschaft: „[...] zu einem Denksystem, in dem die Epistemologie – die Art der Fragestellung – ein integraler Bestandteil wissenschaftlicher Theorien wird" (Capra 1996, S. 56). Systemisches Denken, systemische Forschung und systemisches Handeln postulieren die Einheit von Denkerin und Gedachtem, Beobachterin und Beobachtetem, Ego und Alter in der Kommunikation. Alle Theorie- und Konzeptbildung, jede Überlegung zum diagnostischen Fallverstehen, jede Episode des professionellen Handelns steht unter diesem Vorbehalt. Es entstehen dadurch keine objektiven Wissensbestände, sondern Beschreibungen und Erklärungen der Wirklichkeit im Lichte der jeweils gewählten Theorien. Pointiert ausgedrückt: Wenn wir von einem System sprechen, sprechen wir über ein Modell in unserem Kopfe, mit dessen Hilfe wir die Wirklichkeit wahrnehmen, beschreiben, erklären, theoretisieren und handelnd gestalten.

Im Sinne der konstruktivistischen bzw. rekonstruktivistischen Sichtweise gibt es für soziale Systeme keine objektive und allein gültige Beschreibung, Erklärung und Handlungsidee. „Wahrheit“ bleibt an die Beschreibungssituation bzw. das Beobachtungssystem gebunden und stellt sich eventuell als diskursive Einigung durch die Verknüpfung unterschiedlicher Beobachtungs-, Beschreibungs- und Erklärungsperspektiven *(Multiperspektivität)* her. Das setzt wiederum eine Diskurs- und Kooperationsbereitschaft der beteiligten Menschen voraus.

- Systemische Familientherapie und Soziale Arbeit können sich auf eine *systemische Sicht der Welt* verständigen – Stichworte: Die Welt und jede Form sozialer Realität als Beziehungsnetz, Ereignisse sind Beziehungsereignisse, Informationen sind Beziehungsinformationen.
- Systemische Familientherapie und Soziale Arbeit können sich auf ein *Modell sozialer Systeme* einigen, mit dessen Hilfe auch die Familie als System beschrieben werden kann. Als soziales System lässt sich eine in sich wiederum durch Teilsysteme strukturierte Einheit (vgl. 1.4.1) bezeichnen, die charakterisiert ist durch:
  - den Unterschied und damit auch die Grenzen (siehe 1.4) zu ihrer Umwelt;
  - eine Tendenz zur Balance zwischen den Teileinheiten und zwischen System und Umwelt (vgl. 1.3.1);
  - die sich daraus ergebende Identität (was ist das Besondere an diesem System, z. B. einer bestimmten Familie?) als Unterschied zu anderen Systemen, die den in ihm kommunizierenden Personen eine Sinnbestimmung ihres Handelns ermöglicht;
  - situationsübergreifende Regeln, Beziehungsmuster, Werte und Themen (die sich z. B. in mehrgenerational kommunizierten Familiengeschichten auffinden lassen), durch die das Verhalten und der Erfahrungshorizont der

Systemmitglieder auf den Erhalt und die Entwicklung des Systems orientiert werden (was nicht immer gelingt, wie z. B. Trennungs- und Scheidungsprozesse in Familien demonstrieren);
- ihre Geschichte, die als – in der Gegenwart immer wieder veränderte – Tradition an die nachfolgenden Generationen weitergegeben wird (z. B. in Familien durch Geschichten und Erzählungen, die Normen, Werte und Rechtfertigungen oder Verurteilungen für das Handeln früherer, gegenwärtiger und künftiger Generationen beinhalten – siehe z. B. Welzer, Moller u. Tschuggnall 2002);
- ihre Zukunft, die durch die Realisierung von in der Gegenwart aufscheinenden Möglichkeiten entsteht;
- und die Selbstorganisation der internen Prozesse und Strukturen (Strukturen: die den Systemprozess orientierenden Normen, Werte, Regeln, Muster) durch die Integration von Informationen und für das System bedeutungsvollen Objekten (z. B. eines neuen Fernsehgerätes, um das sich die ganze Familie versammelt), die von den inneren (z. B. den familiären Teilsystemen) und äußeren (z. B. der Schule als Umweltsystems einer Familie) Umwelten angeboten werden.

- Systemische Familientherapie und Soziale Arbeit können das in den vergangenen 30 Jahren familientherapeutischer Praxis erworbene *Wissen über die Organisation und Beziehungsdynamik von Familiensystemen* unseres Kulturkreises nutzen, um Sinn und Funktion von „Verstörungen“[9] herauszuarbeiten. Darüber hinaus lassen sich mithilfe von Konzepten der Familiendynamik und -organisation die Konsequenzen möglicher Interventionen hypothetisch vorwegnehmen bzw. im Unterstützungsprozess immer wieder neu überprüfen – Stichworte: mehrgenerationale Loyalität, Delegation, Rollenverteilungen, Regeln der familiären

Kommunikation, Beziehungsmuster (ausführlicher hierzu Ritscher 2002a).

- Soziale Arbeit bezieht sich auf alle fünf Ebenen des ökosozialen Modells; jedes professionelle Handeln sollte sich im Bezug auf sie reflektieren – Stichwort: *Kontextualisierung* (siehe 2.5.1).
- Soziale Arbeit verweist immer wieder darauf, dass die Beziehungsidee des Systemdenkens sich in der professionellen Arbeit widerspiegeln muss, indem die verschiedenen an der Entstehung, Aufrechterhaltung und Lösung eines sozialen Problems beteiligten Systeme in einen kontinuierlichen Rückkoppelungsprozess eingebunden werden – Stichworte: *Vernetzungsarbeit* mithilfe von runden Tischen, Helferinnenkonferenzen, Stadtteilrunden, Hilfeplangesprächen.
- Die systemische Familientherapie kann für die konkrete Arbeit mit Familien eine Vielzahl erprobter *Techniken* und *Handlungsrichtlinien* zur Verfügung stellen, die sich im Kontext der Sozialen Arbeit an den im Hilfeplan festgelegten Zielen und Maßnahmen orientieren müssen und durch sie ihre Rechtfertigung erfahren – Stichworte: verbale, darstellende und settingstrukturierende Methoden (siehe Ritscher 2002a, b). Diese Methoden müssen sich mit den originären Methoden der Sozialen Arbeit verknüpfen bzw. in sie einfädeln lassen – Stichworte: Arbeit in unterschiedlichen Settings, z. B. die Kombination von Kommstruktur (die Familie sucht die Sozialarbeiterin auf) und Gehstruktur (Hausbesuche und Treffen an einem „dritten Ort"); das gemeinsame Aufsuchen von für die Familienmitglieder prekären Orten (z. B. Sozialamt, Begleitung eines den Schulbesuch verweigernden Kindes auf dem Schulweg); Arbeit mit familiären Teilsystemen, Arbeit mit die Familie unterstützenden (z. B. Kindergarten) oder sie (zeitweise oder für immer) ersetzenden Hilfesystemen (z. B. Heim, Pflegefamilien, Einrichtungen der Inobhutnahme).

Lüssi (1992, S. 392 ff.) hat eine Systematik der Methoden in der Sozialen Arbeit vorgestellt, bei der er Beratung, Verhandlung, Intervention, Vertretung, Beschaffung und Betreuung unterscheidet. In seinem Sinne wäre die systemische Familientherapie bzw. -beratung eine Methode der Sozialen Arbeit. Techniken sind dann separat beschreibbare Handlungsanleitungen für professionell gestaltete Beziehungssituationen – z. B. die Technik des zirkulären Fragens –, die in dem übergeordneten Rahmen einer Methode angewendet werden können. Mit deren Hilfe lässt sich auf der Ebene der Methoden und Techniken eine solche Einfädelung der systemischen Familientherapie in die Soziale Arbeit im Allgemeinen und die Soziale Arbeit mit Familien im Besonderen gut darstellen:

- *Beratung* (= Intervention unter dem Aspekt der Hilfe zur Selbsthilfe): Die Verwendung von Techniken der systemischen Gesprächsführung, z. B. systemische Fragen (lineare, zirkuläre, strategische und reflexive Fragen – Tomm 1994; Simon u. Rech-Simon 1999), Reframing, Metaphernarbeit.
- *Verhandlung* (= die Arbeit mit unterschiedlichen Teilsystemen des Hilfesystems zu dem Zweck, eine gemeinsame Vereinbarung zu treffen): die Orientierung am systemischen Prinzip der „Allparteilichkeit“ und seine Umsetzung im systemischen Interview; Bildung eines Arbeitsbündnisses bzw. Arbeitsauftrages; Methoden des systemischen diagnostischen Fallverstehens (siehe Ritscher 2004b).
- *Intervention* (= Intervention unter dem Aspekt der Kontrolle, bei der eventuell auch Zwang angewendet wird): die Analyse des Problemsystems und seiner Kontexte unter Einschluss des aus Adressatinnensystem und Helferinnensystem gebildeten professionellen Hilfesystems. Hierfür können Techniken des systemischen „diagnostischen Fallverstehens“ verwendet werden, z. B. das Strukturbild des ökosozialen Modells von Bronfenbrenner (siehe 2.2.3), das

darauf basierende ökosoziale Systembild (Ritscher 2002a, S. 306), die Familienlandkarten (S. Minuchin 1977) und das um die Helferinnen erweiterte Genogramm der Familie (Imber-Black 1990, S. 167), mit deren Hilfe Ansatzpunkte effektiver Intervention an Knotenpunkten des Systems gefunden und mögliche Folgen der Intervention vorweggenommen werden können.

- *Vertretung* (= die Beistandschaft nach dem Betreuungsgesetz von 1990): Das schon genannte ökosoziale Systembild ermöglicht die grafische Darstellung der verschiedenen Systemebenen und der darin zu lokalisierenden Unterstützungssysteme und Ressourcen (Ritscher 2004a, S. 219); so lässt sich die Landschaft entwerfen, in der sich Adressatinnen bzw. Auftraggeberinnen und Fachkräfte bewegen.
- *Beschaffung* (= Erschließung von materiellen Ressourcen): Die Einführung der Doppelperspektive von Inhalts- und Beziehungsaspekt (Watzlawick et al. 1972), mit der deutlich gemacht wird, dass ein Angebot materieller Hilfen nur dann sinnvoll ist, wenn es in die Thematisierung eines Beziehungskontextes eingebettet ist; wenn z. B. erkannt wird, dass Geldmangel von einem Elternpaar auch als Metapher und Hebel für seine eskalierenden symmetrischen Interaktionsschleifen genutzt werden kann (siehe Goldbrunner 1988, 1991).
- *Betreuung* (= langfristige Begleitung und Unterstützung bei chronifizierten Problemen, z. B. im Rahmen einer Heimunterbringung von in ihren Familien nicht ausreichend geförderten Kinder): die Konzeption einer systemisch und familientherapeutisch organisierten Heimerziehung (siehe Schindler 1996).

Zur detaillierten Darstellung der benannten Methoden und Techniken siehe Ritscher (2002a, b). Shulman (1992, p. 53 ff.) hat den u. a. durch diese Methoden und Techniken geprägten

Hilfeprozess in vier Phasen eingeteilt – „preliminary“, „beginning and contracting“, „the middle or work phase“, „ending and transition phase of practice“.

Sicherlich kann die systemische Familientherapie im Bereich der Beratung die meisten technischen Angebote für die Soziale Arbeit machen. Ich möchte an dieser Stelle aber eine grundsätzliche Ausweitung von Lüssis Konzept der Beratung vorschlagen. Aus meiner Sicht kann auch eine aufsuchende oder ambulante Familien*therapie* Teil der Sozialen Arbeit sein. Ich erinnere daran, dass S. Minuchin schon 1967 durch seine therapeutische Arbeit mit schwarzen und puerto-ricanischen Familien in einem New Yorker Slum Maßstäbe für die Familientherapie im Kontext der Sozialen Arbeit gesetzt hat (siehe 1.3). Das von ihm und seiner Gruppe beschriebene Projekt würden wir heute als Familientherapie im Rahmen von Schulsozialarbeit bezeichnen. In dieser Tradition wurde in den letzten Jahren die aufsuchende Familientherapie entwickelt; sie wurde im deutschen Sprachraum vor allem von Marie-Luise Conen bekannt gemacht (vgl. 1996 a, b). Diese Form der Familientherapie kann von entsprechend ausgebildeten Sozialarbeiterinnen durchgeführt werden. Eine solche therapeutische Maßnahme muss nicht standardmäßig an Fachkräfte bzw. formale Organisationen außerhalb der Sozialen Arbeit abgegeben werden; denn damit würde sie zu einer den Sozialarbeiterinnen fremd bleibenden Maßnahme, über die sie nur noch abstrakt im Rahmen der Hilfeplangespräche informiert würden. Das fördert die zurzeit im Zuge der Mittelknappheit wieder stärker werdende Tendenz, die Soziarbeiterinnen nur noch als Vermittlerinnen zu definieren, die mehr mit Vernetzungs- und Bürokratieprozeduren befasst sind als mit dem direkten Klientinnenkontakt. Familientherapie im Rahmen der Sozialen Arbeit lässt sich aus systemischer Sicht auch deshalb begründen, weil innerhalb der systemischen Therapie bzw. Familientherapie die Grenzen zwischen Therapie, Beratung und Sozialpädagogik diffus geworden sind. Denn die grundlegenden

Konzepte der systemischen Therapie führen zu einer Auflösung der an langfristiger und „tief gehender“ Problembearbeitung orientierten Struktur klassischer Therapieformen (siehe Ritscher 2002a); und sie überführen die durch diese Therapieformen gepflegte professionelle Expertokratie in eine Form der gegenseitigen Expertenschaft von Adressatinnen und Helferinnen (siehe Hargens 1993).

2.4 Die Familie als besonderes soziales System

Die Familie lässt sich als ein besonders wichtiges soziales System mit nur für sie geltenden Merkmalen beschreiben.

Soziale Systeme wie die Familie oder die Schule sind gesellschaftliche Institutionen, die sowohl Kontinuität als auch Veränderung der Gesellschaft gewährleisten sollen. Die Familie soll diese Aufgabe vor allem durch wesentliche Beiträge zur Sozialisation der Kinder und eine besondere psychische Nähe (Intimität) zwischen den Familienmitgliedern sichern; dazu gehört auch heute noch die in der klassischen bürgerlichen Beziehungsmoral geforderte exklusive sexuelle Beziehung der Eltern – sofern sie noch zusammenleben.

In der Sozialisation der Kinder ist immer auch ein Machtgefälle zwischen Eltern und Kindern begründet. Das ist ein struktureller Ausgangspunkt für die Misshandlung und Vernachlässigung von Kindern durch ihre Eltern.

Im Rahmen der über mehrere Generationen sich entwickelnden Familiendynamik bilden sich „Traditionslinien“ heraus, die auch für die gegenwärtige Familienkonstellation von entscheidender Bedeutung sind. Familiäre Werte, Normen, Rollenbilder, Regeln, Beziehungsmuster und Problemlösungsstrategien (bzw. Strategien zur Verhinderung von Problemlösungen) werden von Generation zu Generation weitergegeben. Jede neue Generation muss sich mit diesen Botschaften auseinander setzen und sie z. B. bei der Gründung einer eigenen Familie an die neue Konstellation anpassen. Dabei müssen sich widersprechende Beziehungsbilder aus beiden Herkunftsfamilien miteinander in Einklang gebracht werden, alte Loyalitäten trotz neuer Loyalitätsbindungen erhalten bleiben und ein neues Beziehungsgeflecht geschaffen werden, das die Herkunftsfamilien achtet, aber auch Entwicklungen über sie hinaus zulässt (Boszormenyi-Nagy u. Spark 1981; Sperling et al. 1982; Willi 1985).

Jede Familie benötigt für ihren Erhalt Loyalitätsbindungen innerhalb und zwischen den Generationen. Dabei lassen sich sichtbare und „unsichtbare Loyalitäten" (Boszormenyi-Nagy u. Spark 1981) unterscheiden. Mangelt es an diesen Loyalitätsbindungen, werden die zentrifugalen Kräfte des Systems übermächtig, im gegenteiligen Fall die zentripetalen Kräfte (vgl. Stierlin 1974). Boszormenyi-Nagy und Spark haben gezeigt, dass viele Symptome familiärer „Indexpatienten" (zu diesem Begriff siehe Simon, Clement u. Stierlin 1999) durch die Aufdeckung „unsichtbarer Loyalitäten" verstanden und auch aufgelöst werden können.

Aufgrund der sexuellen Exklusivität und des ihr zugehörigen romantischen Liebesideals entsteht eine enge Bindung des Paares. Sie vermittelt Sicherheit und Vertrauen, und ihre Auflösung kann mit großem Schmerz verbunden sein.

Die familiäre Konstellation von Nähe, Kontinuität, Langzeitperspektive und Traditionsbildung birgt ganz besondere Chancen und Risiken in sich. Emotionale Nähe fördert Liebe, aber auch Gewalt; tägliche Gemeinsamkeit fördert Vertrauen, aber auch Ausbeutbarkeit; körperliche Intimität fördert die positive Erfahrung des eigenen Körpers, macht aber auch schutzlos; Loyalitätsbindungen markieren die Familie als sichere Heimat, aber sie engen auch ein und verhindern Widerstand gegen Übergriffe anderer Familienmitglieder.

In einem durch kontinuierliche Nähe und kontinuierlichen Kontakt charakterisierten System wie der Familie sind Grenzen und ihre Einhaltung von ganz besonderer Bedeutung. S. Minuchin (1977) hat drei Typen von Grenzen herausgearbeitet – starre, diffuse und funktionale (durchlässige). Besonders die intergenerationalen Grenzen sind wichtig. Sind sie angemessen, wird es weder zu einer problematischen „Parentifizierung der Kinder" (Boszormenyi-Nagy 1975) noch zu sexuellen Übergriffen eines Elternteiles (vgl. Trepper u. Barret 1991) gegenüber den Kindern kommen.

Grenzen der Familie gegenüber dem sozialen Umfeld sind ebenfalls von großer Bedeutung. Die Familie genießt in unserem Kultur- und Rechtssystem eine Vorrangstellung gegenüber anderen sozialen Systemen. Diese drückt sich u. a. dadurch aus, dass ihre Grenzen als besonders schutzwürdig gelten. Das so genannte Elternrecht ist eine Folge dieser herausgehobenen Position, ebenso die Vorstellung, dass innerfamiliäre Beziehungen kein öffentliches Thema sind. Diese gesellschaftliche Norm sichert den Familienmitgliedern einen Schutzraum, z. B. durch die grundgesetzlich garantierte Unverletzlichkeit der Wohnung. Sie behindert aber auch den Schutz von Familienmitgliedern vor innerfamiliärer Gewalt durch die soziale Umwelt.

Um die beiden Aufgaben der Sozialisierung und Intimisierung von Beziehungen erfüllen zu können, muss die Familie durch ihre Organisation die eigene Kontinuität und Veränderung sichern; die individualisierende Kultur der „Postmoderne" konfrontiert die klassische bürgerliche Familie an diesem Punkt mit neuen Risiken (z. B. der enormen Mobilität von Jugendlichen – siehe Ritscher 1990), aber auch mit neuen Chancen zur Aufgabenbewältigung (z. B. durch eine Demokratisierung der Familienbeziehungen). Jugendhilfe ist in diesem Sinne als eine gesellschaftliche Unterstützung von Familien zu verstehen mit dem Ziel, Risiken zu mildern und Chancen zu vermehren.

Die Familienmitglieder erhalten und verändern ihr System durch Beziehungen in und die Gestaltung von sozialen Räumen; werden sie aufgegeben, z. B. durch Trennung oder Umzug, kann dies zur Destabilisierung des Systems beitragen (siehe Gerber 1980).

Es lassen sich unterscheiden:

- familiäre Binnenräume: z. B. die Wohnung als Darstellung der familiären Außengrenze und Familienidentität, die Wohnküche als Ort des Familienrituals „gemeinsame Mahlzeiten";
- erweiterte soziale Räume: z. B. der gemeinsame Weg von Mutter oder Vater und Kind von der Wohnung in den Kindergarten, der samstägliche Einkaufsbummel in der Fußgängerzone.

Familien sind Systeme, in denen die kulturell überformte biologische Geschlechterdifferenz (Gender) durch die Intimität und Permanenz des Zusammenlebens von besonderer Bedeutung ist.

Folgende Fragen sind in diesem Zusammenhang zu stellen:

- Welche Rollen werden den männlichen und weiblichen Mitgliedern in der Familie zugewiesen – z. B. Hausfrau oder Hausmann?
- Sind die Belastungen gleich verteilt? Das wäre z. B. nicht der Fall, wenn eine außerhalb des Hauses berufstätige Familienfrau zugleich noch innerhalb der Familie den Löwenanteil der Haushalts- und Erziehungsarbeitarbeit übernehmen müsste.
- Gibt es eine an das Geschlecht gekoppelte Dominanz des einen über die anderen? Im patriarchalischen Rollenmodell wäre das die Dominanz des Vaters.
- Gibt es Benachteiligungen hinsichtlich des Zugangs zu Bildungschancen, die aus der Geschlechtsrolle erwachsen?
- Gibt es in der Familie deutlich abgegrenzte Zuständigkeitsbereiche hinsichtlich der Haushaltsorganisation, aber auch hinsichtlich der Beziehungsgestaltung? Wenn ja: Resultie-

ren daraus Ungerechtigkeiten für die weiblichen oder männlichen Rollenträger, oder wird die Verantwortungsübernahme in einem Bereich durch Entlastungen in einem anderen kompensiert? Werden z. B. Mädchen stärker zur Mithilfe im Haushalt herangezogen als Jungen; ist die Mutter für den Haushalt und die Erziehung der Kinder überwiegend allein zuständig; wer ist überwiegend für die Beziehungsgestaltung und damit für den emotionalen Zusammenhalt der Familie verantwortlich?

An diesen Fragen wird deutlich, dass das *Gender-Konzept* immer an der Idee der Gleichberechtigung der Geschlechter orientiert ist, soziale Wirklichkeiten also im Kontext ethisch begründeter Werte beschreibt, erklärt, kritisiert und gegebenenfalls Alternativen aufzeigt.

Wird die Familie in der pluralistischen und individualisierenden Gesellschaft zum Gegenstand der Betrachtung, muss auch die interkulturelle Perspektive thematisiert werden. Das ist gerade für die Familiensozialarbeit von Bedeutung, sind doch ca. 9 % aller in Deutschland lebenden Menschen ausländischer Herkunft. Von diesen leben 71,6 % in Familienhaushalten mit Kindern – bei der deutschen Bevölkerung sind es dagegen nur 53,3 % (Engstler und Menning 2003, S. 51 ff.). Wie leben ausländische Familien in Deutschland, wie können wir alle mit kulturellen Differenzen leben? Was können wir aus kulturellen Differenzen lernen? Wie kann man sich trotz kultureller Differenzen begegnen, wertschätzen und verstehen? Wie verlaufen Integrations- bzw. Nichtintegrationsprozesse über die Generationen hinweg? Welches Wissen benötigen Sozialarbeiterinnen, um mit Familien, die in der ersten, zweiten oder dritten Generation aus anderen Kulturkreisen nach Deutschland eingewandert sind, hilfreich zusammenzuarbeiten? (Vgl. hierzu Simon-Hohm 2000.)

2.5 Systemische Soziale Arbeit mit Familien

2.5.1 Handlungsrichtlinien für die systemische Soziale Arbeit mit Familien

Das ursprüngliche Mailänder Team entwickelte drei auf der Systemtheorie basierende Handlungsrichtlinien (Selvini Palazzoli et al. 1981), die ich um zwei weitere ergänzen möchte.

Hypothesenbildung: Die systemische Erkenntnistheorie lässt Aussagen mit Wahrheitsanspruch nicht mehr zu. Wir sind auf den Status von Fragenden begrenzt, die mithilfe von Vorannahmen – wissenschaftsmethodisch gesprochen: Hypothesen – in einen Kreislauf von Fragen und Antworten eintreten. Die von der Realität entworfenen Bilder sind Antworten auf unsere Fragen, revidieren oder bestätigen unsere Vorannahmen und führen zu neuen Fragen. Professionelles Handeln ist im Lichte dieser Richtlinie ein Handeln, dessen Vorannahmen als Hypothesen benennbar, kritisierbar und veränderbar bleiben müssen. Deshalb ist es erforderlich, dass wir uns immer wieder vom Sog unseres eigenen Interesses distanzieren, einerseits die Realität zu objektivieren, andererseits aus Hypothesen Glaubenssätze zu machen, mit deren Hilfe wir immer nur das bestätigen, was wir vorher schon wussten. Oft setzt das auch den Mut voraus, sich gegen den Gruppendruck, der zur Hypothesenvereinheitlichung drängt, zur Wehr zu setzen.

Zirkularität: Abgeleitet vom systemischen Konstrukt der Vernetzung, werden alle kommunikativen Prozesse innerhalb eines Systems sowie zwischen dem System und seinen äußeren Umwelten als zirkuläre Rückkopplungsprozesse aufgefasst. Jedes Element des Systems ist mit allen anderen verbunden, jede von einem Element ausgehende oder von ihm empfangene Botschaft hat eine rückbezügliche Konsequenz für den Sender der Botschaft und alle anderen Systemelemente.

Ein Beispiel zur Erläuterung: Die Kritik des Vaters am Sohn bringt diesen zum Weinen, ruft gleichzeitig die Mutter auf den Plan, die den Vater wegen seiner harten Haltung kritisiert, was diesen zum Rückzug aus der Verantwortung für den Sohn animiert und die Schutzhaltung der Mutter gegenüber dem Sohn verstärkt; das wiederum bestärkt die Tochter in ihrer Vermutung, dass sie nur das fünfte Rad am Familienwagen ist, und animiert sie zu unverschämten Bemerkungen über die Mutter, die den Vater veranlassen, Partei für die Mutter zu ergreifen und die Tochter zurechtzuweisen. Sein erneuter Einstieg ins Familienspiel wird von der Mutter dankbar, vom Sohn als Bedrohung wahrgenommen, der daraufhin seiner Schwester ein Bündnisangebot gegen die Eltern macht usw. usw.

Professionelle Interventionen müssen immer die durch sie initiierten Rückkopplungsschleifen beachten. Dies ist z. B. bei Einzelsettings wichtig, wenn Ideen, Lösungsvorschläge, Kommentare der Sozialarbeiterin durch die Adressatin in die Familie weitergetragen werden. Sie rufen notwendigerweise Reaktionen der nicht direkt am Beratungssystem beteiligten Mitglieder hervor, die auf die Klientin gerichtet sind und über sie in das Beratungssystem zurückwirken.

Allparteilichkeit und Neutralität: Die jeweils unterschiedlichen Realitätsrekonstruktionen der einzelnen Familienmitglieder erfordern eine allparteiliche Haltung der Sozialarbeiterin, die alle Sichtweisen innerhalb der Familie als Teil der Probleminduktion und Problemlösung ernst nimmt. Im Sinne des Postulates vom gerechten Austausch müssen alle die Chance haben, ihre Sichtweise, ihre Erfahrungen, ihre Lösungsvorschläge zu thematisieren. Indem die Sozialarbeiterin nacheinander für jedes Mitglied der Familie und des Beratungssystems (das schließt sie selbst und andere Instanzen der psychosozialen Unterstützung ein) Partei ergreift bzw. sich mit ihm identifiziert, um seiner Sichtweise Geltung zu verschaffen, verbündet sie sich nacheinander mit jedem und letztlich mit keinem. Das Konzept der Neutralität betont hingegen die Distanzierung der Sozialarbeiterin vom Adressatinnensystem im Kontext einer Haltung der Neugier für die kommunikativen Möglichkeiten der Familie, der Anteilnahme an ihren Erfahrungen und des Respekts für ihre bisherigen Anstrengungen der Alltags- und Existenzbewältigung. Die Kombination beider Konzepte verhindert einerseits eine Überidentifikation mit den Adressatinnen, durch die sich die Sozialarbeiterin in die Spiele des Systems verstrickt, andererseits eine interesselose Distanzierung, durch welche die Adressatinnen zu einer Aktennummer der Sozialbürokratie depersonalisiert werden.

Kontextualisierung: Das schon vorgestellte ökosoziale Modell ist ein Modell der System-Kontext-Einbettungen. Die Familie ist der wichtigste Erfahrungs- und Handlungskontext des kleinen Kindes. In ihr lernt es Verhaltensregeln, Rollenbilder, Wertvorstellungen, die das eigene Verhalten leiten, begründen und sinnvoll machen. Kommt es in die Kindertagesstätte, etabliert sich durch das neu entstehende Mesosystem ein neuer Kontext für die Familie, dessen Regeln und Werte Einfluss auf das Verhalten des Kindes und die damit verbundenen Bedeutungszuschreibungen in der Familie nehmen. Umgekehrt wird auch die Familie des Kindes zu einem Kontext der Kindertagesstätte: Familiär gelernte Verhaltensweisen, Konflikt- und Konfliktlösungsstrategien des Kindes nehmen Einfluss auf die Interaktion der Kinder und rufen eventuell die Erzieherinnen auf den Plan, die dieses Verhalten vielleicht als „aggressiv“, „unsozial“, „clownhaft“ bezeichnen und auf die Familie des Kindes zurückführen. Für die Erzieherin ist die Familie der Kontext des kindlichen Verhaltens in der Kindertagesstätte, für die Mutter ist diese der Kontext für die häusliche Kommunikation, z. B. wenn sie abends nach einem Elterngespräch Streit mit ihrem Mann darüber bekommt, ob die Erzieherin ihr Kind richtig einschätzt oder nicht.

Es gibt aber nicht nur externe, sondern auch interne Kontexte. Die Gesamtfamilie ist z. B. der Kontext für das Geschwistersubsystem; dieses ein Kontext für die Beziehung der Geschwister untereinander.

Neben den sozialen Kontexten gibt es auch intrapersonale Kontexte. Z. B. sind die kulturellen Rollenbilder und -vorschriften hinsichtlich Vater, Mutter, Kind ein wesentlicher Kontext für das väterliche, mütterliche, kindliche Handeln in der Familie und die daraus entstehenden Beziehungsmuster. Gerinnen diese kulturell geformten Normen, Werte, Rollenbilder zu Dogmen, wird konsensuelles Handeln in einer sich individualisierenden Gesellschaft immer schwieriger.

Arbeit an den Kontexten, also Kontextualisierung, ist ein wesentlicher Bestandteil der Familiensozialarbeit; sie soll Bedeutungen klären, unterschiedliche Bedeutungszuschreibungen der Familienmitglieder herausarbeiten und damit dem Verhalten des einen einen Sinn geben, der dem anderen bisher verschlossen war. Das fördert Toleranz und Akzeptanz innerhalb des Systems. Kontextualisierung heißt auch, dass den Menschen die sozialen Einflüsse, unter denen sie handeln, bewusst werden. Das ermöglicht es, Symptome als Ausdruck eines Spannungsverhältnisses zwischen dem Einzelnen bzw. seiner Familie und größeren Systemen zu verstehen und individuumzentrierte Ursachenzuschreibungen aufzulösen. Wenn z. B. die Angst eines Kindes im Kontext der drohenden Arbeitslosigkeit des Vaters oder der Mutter verständlich wird, muss die Sozialarbeiterin diesen „Sinn“ der Symptome bei ihrem Handeln berücksichtigen

Ressourcenorientierung: Leider ist der Begriff der Ressourcenorientierung inzwischen relativ abgenutzt. Mit ihm wird viel herumjongliert, ohne dass er systematisch reflektiert würde. Ich möchte im Folgenden das weite Spektrum an Ressourcen aufzeigen, das dieser Begriff einschließt (für die Systematisierung benutze ich wieder das ökosoziale Modell):

- *psychisches System* (der einzelne Mensch im Kontext seiner Beziehungen): Vertrauen, Selbstwert, Neugierde, Loyalität, Fähigkeit zur Herstellung von Nähe und Distanz, Dialogbereitschaft;
- *mikrosystemisch* (die familiäre Binnenkultur): Verwandtschaftsbeziehungen und „Wahlverwandtschaften"; an gemeinsamen Interessen orientierte familiäre Subsysteme; hilfreiche Familien- bzw. Paargeschichten, familiäre Leitideen und Traditionsbildungen; bisher erfolgreiche Lösungsversuche bzw. -strategien in schwierigen Lebens- bzw. Konfliktsituationen; die Rekonstruktion glücklicher bzw. zufrieden stellender Beziehungssituationen der Vergangenheit; besondere Kompetenzen eines Familienmitglieds; Gefühle der Verbundenheit, Liebe, des Vertrauens, der Intimität; Loyalitätsbindungen im Kontext einer ausbalancierten bzw. ausbalancierbaren familiären Gerechtigkeitsbilanz; eine positiv konnotierte Familienidentität und Familienselbstwertzuschreibung; ausreichender Wohnraum;
- *mesosystemisch* (die Verknüpfung der Familie mit anderen wichtigen sozialen Systemen): Freundschafts- und Nachbarschaftsbeziehungen; Einbindung eines Familienmitglieds in außerfamiliäre Systeme (z. B. Schule, Kindertagestätte, Betrieb); sozialkulturelle Infrastrukturangebote, z. B. Volkshochschule, Spielplätze, Jugendhäuser; Angebote der Jugendhilfe wie Tagesgruppe, sozialpädagogische Familienhilfe, aufsuchende oder ambulante Familientherapie in Rahmen von Erziehungs-, Ehe-, Familien- und Lebensberatungsstellen usw.; ein entwicklungsförderliches Wohnumfeld;
- *exosystemisch* (die Interaktion der Familie und ihrer sozialen Umwelten mit Institutionen oder Organisationen und deren Entscheidungen): Hilfen des Sozialamtes nach dem SGB II; Jugendhilfeangebote des Jugendamtes nach dem SGB VIII; Einrichtungen der freien Träger im Rahmen einer

kommunalpolitischen Gesamtplanung; das Kommunalparlament (einschließlich seiner Ausschüsse) als gewähltes Entscheidungsgremium für die Entwicklung der sozialen Infrastruktur;

- *makrosystemisch* (die Einbettung von Mikro-, Meso- und Exosystemen in soziokulturelle Prozesse, Werte, Normen, Ideale, Rechtsbestimmungen): individualisierte und flexibilisierte Rollenbilder, -aufgaben, -beziehungen für Frau und Mann, Mutter und Vater, Mädchen und Junge, Kind und Jugendliche; demokratisierte Wege des Zugangs zu Bildungs- und Ausbildungsprozessen in den Bereichen sekundärer und tertiärer Sozialisation; neue Sichtweisen betreffend Personalführung, Gruppenbeziehungen am Arbeitsplatz und Arbeitszeitgestaltung (z. B. Jobsharing); Technisierung der Haushalte, die mehr Freiräume bei der Familienversorgung ermöglichen, z. B. den Hausfrauen bzw. Hausmännern die Aufnahme von Teilzeiterwerbsarbeit erleichtern; Schutzrechte für besonders zu unterstützende gesellschaftliche Gruppen (z. B. körperlich oder geistig beeinträchtigte Menschen, von Scheidung betroffene Kinder); Gleichstellungsrechte für Frauen; betriebliche Mitbestimmungsrechte der Arbeitnehmerinnen; das Sozialgesetzbuch und seine Fortschreibung in politischen Entscheidungssystemen.

Diese Handlungsrichtlinien können auch im Rahmen einer systemischen Sozialen Arbeit mit Familien ihre Anwendung finden. Eine Projektgruppe an der Hochschule für Sozialwesen Esslingen hat versucht, die Realisierung dieser Handlungsrichtlinien in einem Hilfeprozess anhand eines Lehrvideos darzustellen (Ritscher 2002b).

In der praktischen Arbeit werden immer nur Teile dieser Übersicht in das Blickfeld der Sozialarbeiterin geraten. Aber mit der Leitlinie der Ressourcenorientierung im Kopf wird die

Sozialarbeiterin immer den Zugang zu einigen von ihnen finden.

2.5.2 Zentrale Aufgaben der systemischen Sozialarbeit mit Familien: Hilfeplan und die Klärung der Ziele, Aufträge und des Überweisungskontextes

Die Einfädelung der systemischen Familientherapie in die Soziale Arbeit mithilfe der systemischen Perspektive ermöglicht es, das zentrale Arbeitsmittel der Familiensozialarbeit – den Hilfeplan – und ein zentrales Arbeitsmittel der systemischen Familientherapie – die Überweisungs-, Ziel- und Auftragsklärung – methodisch und theoretisch miteinander zu verknüpfen.

Der in § 36 KJHG – SGB VIII – für die „Hilfe zur Erziehung" (§§ 27 ff. KJHG) vorgeschriebene Hilfeplan muss unter der Mitwirkung der Betroffenen erstellt werden. Er definiert die offizielle Unterstützung des Jugendamtes für eine Familie bzw. Kinder und Jugendliche als Dienstleistung, nicht als kuratives bzw. autoritäres stellvertretendes Handeln für eine abhängige, inkompetente Klientel. Familien, Kinder, Jugendliche, Eltern werden als Auftraggeberinnen für Unterstützungsangebote verstanden, die trotz ihrer Schwierigkeiten bei der Bewältigung des Alltags Expertinnen für diesen bleiben. Diese Perspektive wird seit geraumer Zeit auch unter dem Begriff der „Kundenorientierung" diskutiert (z. B. Schweitzer u. Reuter 1991; Hargens 1993). Die Intention halte ich für gerechtfertigt, den Begriff für problematisch. Denn er unterstützt die postmoderne Tendenz, alle Sektoren unter die Knute der Ökonomisierung zu zwingen. Soziale Arbeit wird dann in ein Produkt, also eine Ware, umdefiniert.

Der Hilfeplan (siehe Sozialpädagogisches Institut 2005) sollte Problemdefinition, Zielbestimmungen, Aufträge für alle am Hilfeprozess direkt Beteiligten sowie Art und Umfang der Jugendhilfemaßnahme(n) enthalten. Er sollte regelmäßig hinsichtlich Fortschreibung, Veränderung oder Abschluss überprüft werden. Letztlich ist immer das Jugendamt federführend bzw. verantwortlich für die Hilfeplangestaltung und -bilanzierung. Wenn die Unterstützungsmaßnahmen von anderen Diensten oder Einrichtungen erbracht werden, sind diese für seine inhaltliche Umsetzung zuständig. Der Hilfeplan wird in „Hilfeplangesprächen" vorbereitet, verabschiedet, überprüft, weiterentwickelt bzw. fortgeschrieben. An diesen Gesprächen nehmen alle wichtigen Mitglieder des professionellen Unterstützungssystems teil. Hilfeplan und Hilfeplangespräche ermöglichen eine prozessuale Gestaltung der Sozialen Arbeit. Der Prozess kann immer wieder interpunktiert, bilanziert und verändert werden. Unter neuen Gesichtspunkten können neue Zielbestimmungen und Intervention bedeutsam werden. Insofern lassen sich Soziale Arbeit und Familientherapie als ein an Intersubjektivität gebundener Diskurs verstehen. Dafür ist eine professionelle Grundhaltung der Akzeptanz und Neutralität bzw. Allparteilichkeit gegenüber den Adressatinnen und eine der Kooperativität und Kollegialität gegenüber den Kolleginnen erforderlich. Schon das begründet die Bedeutung der Teamarbeit.

Innerhalb des Hilfeplans werden Ziele der Veränderung und damit des Hilfeprozesses formuliert, z. B.: „Es soll für Manuel wieder möglich sein, regelmäßig die Schule zu besuchen und dort einen regulären Abschluss zu erreichen" (siehe Ritscher 2002b). Daraus ergeben sich Aufträge an das professionelle Unterstützungssystem im Ganzen (z. B. die Kooperation aller Beteiligten), an seine Teilsysteme (z. B. eine „bezogenen Separation" von Manuel und Vater – siehe ebd.) und an die einzelnen Mitglieder (z. B. Manuel soll zusammen mit der Sozialarbeiterin den Kontakt mit seiner Mutter vorbereiten – siehe ebd.). Die im Hilfeplan festgelegten Ziele und Aufträge stellen im Idealfall eine Integration der verbalisierten Ziele und Aufträge der Adressatinnen, professionellen Helferinnen und helfenden Organisationen bzw. Institutionen dar.

Der Prozess der Ziel- und Auftragsklärung ist mühsam, denn es müssen innerhalb des Unterstützungssystems neben den offenen auch die heimlichen Ziele und Aufträge herausgearbeitet und im Hinblick auf ihre Nützlichkeit für das allgemeinste Ziel, den „gelingenden Alltag“ (siehe Thiersch, Grunwald u. Köngeter 2002), diskutiert werden. Ziele und Aufträge können verbal oder nonverbal kommuniziert werden, sie können paradox oder eindeutig, angemessen oder illusionär, komplex oder einfach sein. Die Ziel- und Auftraggeberinnen können formelle Mitglieder des Unterstützungssystems sein oder verdeckt im Hintergrund agieren, sich als Autoritäten oder ratlose Ratsuchende definieren, macht-, konkurrenz- oder konsensorientiert kommunizieren. Ziele und Aufträge repräsentieren eine lineare oder zirkuläre Sicht der Realität; als kommunikative Akte lassen sich ihnen vier Funktionen zuordnen, die es zu unterscheiden gilt. Schultz von Thun (1981) nennt sie Inhalts-, Beziehungs-, Appell und Selbstoffenbarungsfunktion. Der Prozess der Klärung von Zielen und Aufträgen dient dazu, diese eindeutig, deutlich, system- bzw. settingspezifisch, für alle akzeptabel, realisierbar und überprüfbar zu formulieren. Nach von Schlippe und Schweitzer (1996, S. 148) lauten „die Grundfragen der Ziel- und Auftragsklärung“: „Wer will was?, von wem?, ab wann?, bis wann?, wie viel?, wozu?, mit wem?“; nützlich sind auch die „Umkehrungen dieser Fragen“: „Wer will nichts?, was nicht?, von wem nicht?, wann nicht mehr?, wozu nicht?“ Eine sorgfältige Klärung dieser Fragen verhindert viele Reibungsverluste in der Arbeit.

Das Gleiche lässt sich für die Klärung des Überweisungskontextes sagen. Er beinhaltet (in Form von Erwartungen, Wünschen, Hoffnungen, Zielvorgaben) offene und verdeckte, direkte und indirekte Aufträge der Adressatinnen und anderer Personen bzw. Unterstützungssysteme im psychosozialen Feld. Diese werden schon im Vorfeld des formalen Erstgespräches offen oder indirekt kommuniziert.

Auch hier wird über systemische Fragen eine Verdeutlichung und Folgenabschätzung angestrebt (ebd. S. 149): „Wer hatte die Idee zu diesem Kontakt?", „Was verspricht sich diese(r) Überweiser(in) davon?", „Was müsste hier geschehen, damit der Überweiser hinterher sagt: Das hat sich gelohnt/Das hat sich nicht gelohnt?", „Warum hat die Überweiserin gerade Sie hierher geschickt?", „Warum hat man Sie gerade zu mir geschickt?"

Eine sorgfältige, zielgerichtete Überweisungs-, Auftrags- und Mittelklärung im Rahmen des Hilfeplanes verhilft der Sozialarbeiterin und den anderen beteiligten Helferinnen zu einer reflektierten Position innerhalb des Unterstützungssystems. Dies trägt auch dazu bei, einem sozialarbeiterischen Aktionismus vorzubeugen, mit dem man es allen Beteiligten recht machen und nichts dem Zufall überlassen möchte – diese Lösung „erster Ordnung" stünde unter der Leitidee des „mehr desselben" und endet erfahrungsgemäß in konfliktträchtigen symmetrischen oder komplementären Eskalationen (siehe Watzlawick et al. 1974).

2.5.3 Misshandlung, Täter-Opfer-Problem und Arbeit im Zwangskontext

Misshandlung lässt sich definieren als gegen eine von vornherein unterlegene Person gerichtete situative Gewaltanwendung, die in einen Kontext „struktureller Gewalt" (Galtung 1970) eingebettet ist. Das Opfer hat schon zu Beginn der Gewaltsituation kaum eine Möglichkeit zur effektiven Gegenwehr und ist der Gewalthandlung des Täters ausgeliefert.

Das Konzept „Misshandlung" bietet auf der theoretischen Ebene die Möglichkeit, das systemische Postulat „Es gibt keine Täter und Opfer, sondern nur Handelnde in zirkulären Rückkoppelungsbeziehungen" als unzulässige, die Kontextabhängigkeit von Handlungen und Handlungsmöglichkeiten nicht berücksichtigende Generalisierung zurückzuweisen. In der Misshandlung eines Menschen bricht die kommunikative Struktur der (positiven und negativen) Gegenseitigkeit (vgl. Stierlin 1972) zusammen. Hier hat die eine Seite mithilfe ihres Machtpotenzials die Wechselseitigkeit der Kommunikation *einseitig* aufgekündigt.

Die zirkuläre Idee „Alle sind Handelnde“ ist im Akt der Misshandlung zerbrochen und, ausgehend vom linearen „Recht des Stärkeren“, auf eine lineare Täter-Opfer-Beziehung reduziert worden.

Die Einführung dieser Perspektive verhindert die vor allem bei sexuellen Gewalttaten immer noch häufige Umdefinition der Opfer zu heimlichen Mittäterinnen, durch welche sich die Täter selbst, aber auch Teile der Öffentlichkeit, der Presse, der Polizei und Justiz projektiv entlasten. Wir wissen, dass durch diese Entlastungsstrategien der Täter (manchmal auch der Täterinnen) und ihrer heimlichen Verbündeten die im Akt der Gewalt traumatisierten Opfer einer weiteren „sekundären Traumatisierung“ unterworfen werden können.

Das Konzept der Misshandlung zeigt auch, dass die zirkuläre Struktur der Kommunikation an eine – bei allen Einschränkungen – kooperative, die anderen als eigenständige Subjekte respektierende Grundhaltung aller Beteiligten gebunden ist. Den mit größerer Macht ausgestatteten Kommunikationspartnerinnen fällt dabei eine besondere Verantwortung zu, Macht nicht in Gewalt bzw. Gewaltakte umschlagen zu lassen. Aber Appelle, Verweise auf die ökologische Sicht der gemeinsamen Entwicklung als Überlebenssicherung aller Beteiligten oder konsensorientierte psychosoziale Interventionen reichen nicht aus, um Gewalt zu verhindern – wie die alltägliche gesellschaftliche Realität zeigt.

Deshalb muss an diesem Punkt eine staatlich organisierte „Begrenzungsmacht“ (Staub-Bernasconi 1995) Opfer und potenzielle Opfer auch im Kontext der Familie schützen. Dies geschieht z. B. im KJHG und im BGB, indem das Elternrecht durch die Perspektive des „Kindeswohls" begrenzt wird. Auch der polizeilich durchsetzbare Wohnungsverweis für gewalttätige Männer bzw. Väter weist in diese Richtung. Vor dem Hintergrund ihres gesellschaftlichen Auftrags, der im Falle der Gefährdung von Familienmitgliedern auch den „Eingriff" (Müller 1993) bzw. die „Intervention" (Lüssi 1992) der Familiensozialarbeit fordert, muss diese für sich die „Arbeit im Zwangskontext" thematisieren. Im systemischen Feld hat u. a. Marie-Luise Conen (1996a,b) darauf aufmerksam gemacht, dass „Arbeit im Zwangskontext" in Fällen familiärer Misshandlung notwendig und durchaus auch Erfolg versprechend sein kann. Die Leitfrage der Professionellen an die Adressatinnen der Familiensozialarbeit heißt in diesem Fall: „Wie können wir Ihnen helfen, uns wieder loszuwerden?" (ebd.). Conen verweist darauf, dass gerade hier eine sorgfältige und im Hilfeprozess immer wieder neu zu thematisierende Ziel- und Auftragsklärung erfolgen muss. „Arbeit im Zwangskontext" erfordert auch eine genaue Abklärung des „Überweisungskontextes" sowie ein hohes Maß an Transparenz und Authentizität seitens der Fachkräfte. Für die Arbeit mit Familien, in denen es zu sexuellen Gewalttaten kam, wurden im systemischen Feld spezielle Konzepte entwickelt (Trepper u. Barret 1991; Madanes 1991, 1997).

3. Der praktische Zugang: Zwei Fallskizzen

3.1 Der Beginn des Hilfeprozesses

Das Ehepaar Arnold-Funk[10] wandte sich telefonisch an das Jugendamt einer größeren Stadt mit der Bitte um Unterstützung für Daniel, den Sohn. Frau Elfer, die zuständige Sozialarbeiterin, vereinbarte bei einem telefonischen Rückruf einen Gesprächstermin im Jugendamt *(Kommstruktur)*. Im Erstgespräch stellte sie zunächst das Jugendamt und seine im KJHG – SGB VIII – festgelegten Aufgaben und Handlungsmöglichkeiten vor und betonte vor allem die darin enthaltene zentrale Dienstleistungsidee. Diese ist charakterisiert durch den Angebotscharakter der Hilfen und die dazu komplementäre *Kooperationsbereitschaft* und *Eigenverantwortlichkeit* der Adressatinnen. Dann bat sie das Ehepaar um die Darstellung des Problems (*Problemexploration in der „Beginning-and-Contracting"-Phase* – Shulman 1992, p. 53 ff.). Bei der Problemexploration und den Fragen zur Lebenswelt und dem Alltag der Familie orientierte sich Frau E. an dem *ökosozialen Modell der Systemebenen* (siehe 2.2.3).

Systemebene	mögliche Fragen
das Kind im Kontext seiner primären Bezugssysteme	Welche Probleme werden benannt? Welche Ressourcen bezüglich Verhalten, kognitiven und emotionalen Fähigkeiten, Motivation zur Bewältigung schwieriger Situationen lassen sich herausarbeiten? Selbstwert? Gibt es Beziehungen zu peers? Wie erlebt sich das Kind in seiner Familie (in diesem Fallbeispiel in seinen beiden Familien)?

Mikrosysteme (Familie, Schule, Kindergarten)	eigene Beobachtungen und Aussagen der Adressatinnen zur inneren Organisation der Familie (Rollen, Regeln, Normen, Werte, Beziehungsmuster, Machtverteilung) und zur Familiendynamik (u. a. Loyalität, Gerechtigkeitsbilanz, Delegation, Mehrgenerationenperspektive) Warum hat sich die Familie jetzt angemeldet? War die Anmeldung eine in der Familie entwickelte Idee – wer war dafür, wer dagegen? Welche Erwartungen, Befürchtungen, Hoffnungen gibt es? Welche Belastungen gibt es, und wie sind sie verteilt? Konflikte und Kooperationsformen; inner- und außerfamiliäre Ressourcen für die Problemlösung; finanzielle Situation; Wohnsituation; Arbeit und Arbeitslosigkeit; ethnisch-kulturelle Einbettung der Familie
Mesosysteme (z. B. Familie + Schule; Familie + Schule + Kinderarzt; Familie + Sozialarbeiterin)	Kam der Rat zur Anmeldung aus einem Mesosystem, und welche Erwartungen bzw. Aufträge sind damit verbunden (Überweisungskontext)? wechselseitige Erwartungen, Aufträge und Hilfen der einzelnen Systeme; Konflikte und Kooperationsformen
Exosysteme	Welche Hilfen kann das Jugendamt anbieten, welche kann durch andere Einrichtungen geleistet werden?
Makrosystem	Welche kulturell gebildeten (Familien)Rollen übernimmt wer, wie, wann? Auseinandersetzung mit kulturellen Anforderungen? Welche Ansprüche an das Jugendamt können die Adressatinnen aus dem KJHG ableiten? soziale Integration der Familie

Chronosystem	Wann gab es die Probleme noch nicht, wann und in welchem Kontext entstanden sie, wie ließe sich die Situation der Familie ohne die benannten Probleme als Möglichkeit der Zukunft vorwegfantasieren?

Durch *zirkuläre Fragen* versuchte Frau E. schon von Anfang an, nicht nur die Perspektive der Eheleute, sondern auch die der anderen in das Problem eingebundenen Personen einzuführen. Dadurch wollte sie schon zu Beginn des Kontaktes zur Erweiterung des mit dem beschriebenen Problem verknüpften Beziehungskontextes beitragen *(Kontextualisierung)*. Indirekt wollte sie auch deutlich machen, dass es unterschiedliche Sichtweisen gibt, die Einfluss auf das beschriebene Problem, auf seine Erklärungen und auf mögliche Problemlösungen haben *(Multiperspektivität)*. Die mit dieser Intention gestellten Fragen hat Tomm (1994) *„strategische Fragen"* genannt. Zwischendurch stellte sie auch Fragen zum *Überweisungskontext* und erfuhr, dass Daniels Lehrerin bei einem Schulgespräch, was sie ohne den Vater führen musste, weil dieser seine Teilnahme verweigert hatte, der Mutter einen Besuch beim Jugendamt angeraten und ihr auch die Telefonnummer der zuständigen Sozialarbeiterin gegeben hatte (Unterstützung im *Mesosystem* Familie + Schule).

Durch *„Fragen zur Wirklichkeitskonstruktion"* (von Schlippe u. Schweitzer 1996) und die dadurch initiierten Erzählungen des Ehepaares ergab sich folgende Problembeschreibung.

Cornelia F., geb. 1970, hatte vor ihrer Heirat im Jahre 2004 von 1996 bis 2003 in einer nichtehelichen Lebensgemeinschaft mit Harald Bauer, geb. 1970, zusammengelebt. Anfangs sei es eine gute Beziehung gewesen, sodass zumindest der 1998 zuerst geborene Daniel (später kam noch eine Tochter dazu) kein Problem für sie beide gewesen sei. Im Gegenteil, der Vater habe sich sehr über den Jungen gefreut und sich auch an seiner Versorgung und dem Haushalt beteiligt. „Im Grunde ist er ja ein ganz lieber Mensch, aber der Alkohol macht ihn fertig“, so Frau A.-F. Heiraten wollten beide nicht, weil die Ehen ihrer beider Eltern kein gutes Vorbild gewesen seien. 2000 kam Jessica auf die Welt, und damit begann eine Beziehungskrise, die 2003 zur Trennung führte. Diese ging von Frau F. aus, weil sie den zunehmenden Alkoholkonsum ihres Partners und die damit verknüpften weiteren Probleme – Streit, sein häufiges „Versinken“ in den Kneipen des Stadtviertels, finanzielle Engpässe, sein Rückzug aus der Mitverantwortung für Haushalt und Kinder und die Gefährdung seines Arbeitsplatzes – nicht mehr ertragen wollte. Herr B. und Frau F. einigten sich darauf, dass Jessica mit der Mutter, Daniel mit dem Vater leben sollte und gegenseitige Besuche der Kinder beim anderen Elternteil regelmäßig stattfinden sollten. Diese Entscheidung war für Frau F. damals tragfähig, weil Daniel und sein Vater schon immer eine sehr enge Beziehung hatten und die Mutter von Herrn B. zugesagt hatte, den Haushalt der beiden mit zu versorgen. Seine Beziehung zu Jessica war weniger nahe. Cornelia A.-F. erklärte das mit seinem zunehmenden Rückzug aus der Paarbeziehung nach Jessicas Geburt. Durch Fragen seitens der Sozialarbeiterin *(systemische Fragen)* wurde deutlich, dass ihre Konzentration auf die neugeborene Tochter und der Rückzug von Herrn B. aus der Beziehung sich wechselseitig aufschaukelten und der Alkohol dabei zunehmend zu seinem Tröster und die Kneipenbeziehungen zum Ersatz für die auseinander driftende Paarbeziehung wurden. So entstand – im Sinne Batesons – ein *komplementäres Beziehungsmuster* (siehe Ritscher 2002a, S. 43 ff.; Ritscher 2004a, S. 198 ff.), in dem Frau F.s Vorwürfe und Herrn B.s Ausweichen zur gegenseitigen Eskalation beitrugen. Daniel wurde dabei ein letztes Verbindungsglied zwischen beiden, denn er blieb für Herrn B. sehr wichtig, und auch Daniel blieb seinem Vater sehr verbunden. Manchmal stellte er sich sogar zwischen Mutter und Vater, wenn es zum Streit kam, und verhinderte eine weitere Eskalation. Frau E. kommentierte

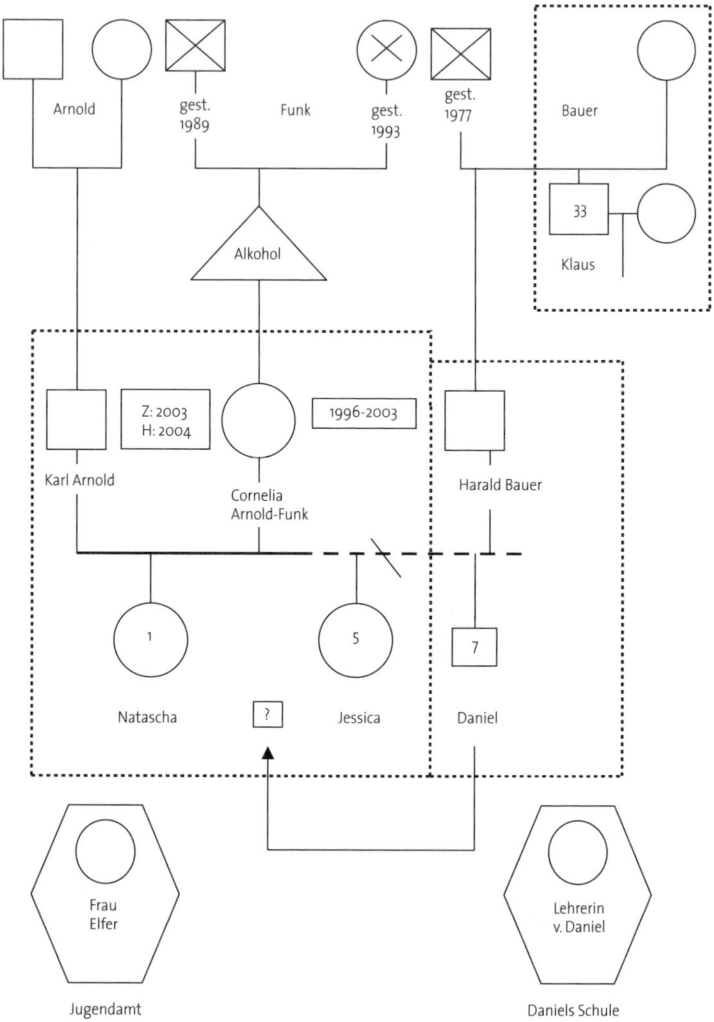

Zeitpunkt der Genogrammerstellung: Oktober 2005

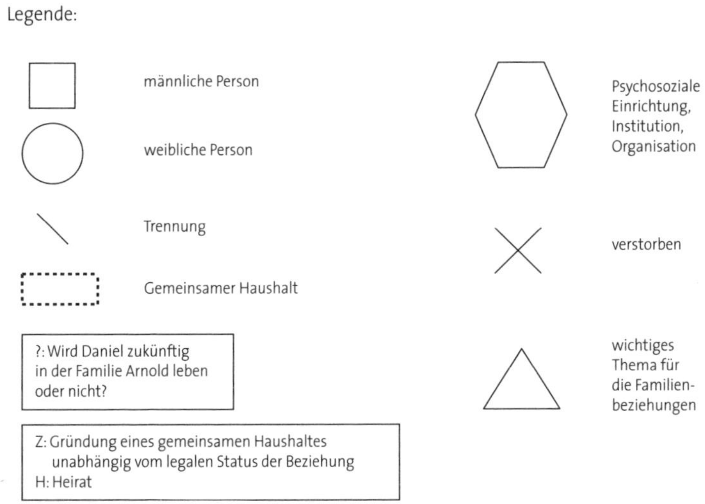

Abb. 1: Genogramm der Familie Arnold Funk und Legende

diese Erzählung: „Da hat Daniel viel geleistet, um die Eltern zusammenzuhalten, und er hat wohl gedacht, dass er den Vater unterstützen muss, weil der ihm schwächer erschien – aber eine solche Aufgabe ist für ein Kind einfach zu schwer, und dann wird das Kind immer unruhiger, deprimierter oder aggressiver, zieht sich zurück und verzichtet auf andere Kontakte.“ (Hier bezieht sich die Sozialarbeiterin auf das familiendynamische Konzept der *Parentifizierung* – siehe Boszormenyi-Nagy 1975; Ritscher 2002a, S. 302.)

Schon während des Trennungsprozesses lernte Frau F. den zwei Jahre älteren Karl Arnold kennen, und sie zogen 2003 – gleich nach der Trennung – zusammen. Nach der Geburt ihrer gemeinsamen Tochter Natascha 2004 heirateten sie. Anfangs ging es mit Daniel und dem Vater sehr gut, auch die Besuche bei der Mutter und Jessica klappten zu den vereinbarten Zeiten. Daniel fühlte sich auch in Mutters neuer Familie wohl. Viel trug dazu bei, dass Daniel und Herr A. sich gut verstanden. Herr A. betreibt eine eigene kleine Kfz-Werkstatt, und Daniel konnte bei der Arbeit dabei sein und helfen. Herr B. schien in dieser Zeit viel weniger Alkohol zu konsumieren. Kritisch wurde es, als die Großmutter B. sich nach ihrer Berentung entschied, zu ihrem jüngeren Sohn Klaus und dessen Familie zu ziehen. Nun fehlte eine ordnende Hand im Haushalt von Vater und Sohn. Der Rückzug seiner Mutter sei für Herrn B. auch eine große Kränkung gewesen. „Da hat sich für ihn mal wieder bestätigt, was er immer schon gesagt hat, dass seine Mutter den Klaus viel mehr mag als ihn" – so Frau A.-F. Nun gab es zunehmend Klagen aus der Schule – Daniel sei unruhig, störe im Unterricht, mache keine Hausaufgaben, sei morgens unausgeschlafen und wirke auch körperlich mehr und mehr verwahrlost. Auch das Ehepaar bemerkte die Zuspitzung der Situation: Verabredungen über die Besuchszeiten wurden nicht mehr eingehalten, Herr B. lag betrunken im Bett, wenn die Mutter Daniel zu Hause abholen oder wiederbringen wollte. Die Lage spitzte sich oft so zu, dass Daniel nicht mehr in die Wohnung des Vaters zurückkonnte und dann länger als vorgesehen in der Familie der Mutter blieb. Daniels Verhalten änderte sich nun auch bei den Aufenthalten in der Familie A.-F. Er wurde aggressiv gegen Natascha, Jessica und auch die Mutter. Auch die vertraute Beziehung zu Herrn A.-F. kühlte ab. Einmal schlug er sogar nach der Mutter, als sie ihm sagte, er könne jetzt nicht mehr zum Vater zurück. „Wenn ich mal in seiner Gegenwart etwas Negatives über seinen Vater gesagt habe, ist er unglaublich zornig geworden", sagte die Mutter. Frau E. antwortete: „Er will dem Vater die Treue halten, und bei allem, was er zu Hause erlebt, muss er doch für ihn einstehen. Vielleicht umso mehr, als er den Vater als viel schwächer empfindet als Sie, und Ihre Situation im Vergleich zum Vater als viel stabiler und günstiger." (Frau E. bezieht sich hier auf das Konzept der *Loyalität*.)

Am letzten Wochenende sei die Situation nun völlig eskaliert, und deshalb hätten sie gleich am Montag im Jugendamt angerufen. Als sie Daniel nach dem Wochenende zum Vater zurück bringen wollte, habe sie fast der Schlag getroffen: Chaos in der Wohnung und Herr B. betrunken im Bett. Als sie das Kind wieder mitgenommen habe, sei der Vater aggressiv geworden und habe sie durch das Treppenhaus laut beschimpft.

Frau E. bat nun das Ehepaar, Daniel bis auf weiteres bei sich wohnen zu lassen und dies als eine Zwischenphase zu betrachten, bis eine längerfristige Lösung gefunden sei. Sie versprach, sofort weitere Gespräche u. a. mit Herrn B., Daniels Lehrerin und, wenn möglich, auch mit der Mutter von Herrn B. zu führen. Auch mit ihrem Team wolle sie sich wegen der notwendigen Hilfen beraten. Um dies zu unterstreichen, vereinbarte Frau E. einen weiteren Erstgesprächstermin für die folgende Woche, und zwar in der Wohnung der Familie (*Gehstruktur; verlängertes Erstgespräch* – siehe Ritscher 2002a).

Bis dahin wollte Frau E. versuchen, einen Gesprächstermin mit Herrn B. und Daniels Klassenlehrerin zu vereinbaren – ob dies für Frau A.-F. in Ordnung sei? *(Arbeit im Mikrosystem Familie und dem Mesosystem Familie + Schule.)* Wenn sie und Daniel in einen guten Kontakt kämen, würde sie ihn vielleicht fragen, ob er sie zum ersten Gespräch mit dem Vater begleiten möchte – ob das Ehepaar damit einverstanden sei? *(Arbeit in unterschiedlichen Settings.)* Frau A.-F. fragte nach dem Grund, und Frau E. antwortete, dass dies als Signal für Daniel gedacht sei, dass alles versucht werde, seine Beziehung zum Vater zu erhalten. Das werde Daniel vielleicht ein wenig beruhigen, und vielleicht könne er dann auch in der Familie und der Schule wieder auf den Teppich kommen.

Frau E. schrieb an Herrn B. einen Brief. Sie berichtete darin vom Besuch des Ehepaares A.-F. und schlug ihm ein Gespräch zu Hause vor, um gemeinsam eine Lösung für das Problem – wo soll Daniel leben, und wie können sich alle Beteiligten darüber einigen? – zu finden. Als Vater sei er dafür unabdingbar wichtig, und er habe doch sicher auch Vorstellungen davon, wie es für ihn und Daniel weitergehen könne. Eventuell werde Daniel an diesem Gespräch teilnehmen – ob das für ihn in Ordnung sei? Sie machte einen Terminvorschlag für Anfang der nächsten Woche und bat um Rückruf. Sollte sie bis zum Ende der Woche nichts von ihm gehört haben, werde sie versuchen, ihn telefonisch zu erreichen, und wenn das auch nicht klappen würde, käme sie zu dem vorgeschlagenen Termin zu seiner Wohnung. Denn für das Wohl von Daniel sei es das Beste, wenn alle Beteiligten gut zusammenarbeiten könnten.

Mit der Lehrerin vereinbarte sie telefonisch einen Gesprächstermin. Diese war sehr erfreut über die Einschaltung des Jugendamtes und sagte ihre Unterstützung zu.

Zu Frau E.s Überraschung meldete sich Herr B. schon zwei Tage später telefonisch bei ihr. Die Hoffnung, Daniel wiederzusehen, war ihm deutlich anzumerken.

Beim zweiten Erstgespräch im Haus der Familie A.-F. war Daniel zunächst sehr zurückhaltend – im Gegensatz zu Jessica, aber die *Erstellung des Genogramms* (zur Praxis der Genogrammarbeit siehe Musch-Grau u. Ritscher 2005, Hildenbrand 2005) und die dabei erzählten Geschichten interessierten ihn sehr. Er fing selbst an, Fragen an seine Mutter zu stellen. Auch die anderen Familienmitglieder wirkten wie elektrisiert – ein großes Bedürfnis, über Vergangenes zu sprechen, wurde deutlich, und alle waren froh, eine interessierte und kompetente Gesprächspartnerin zu haben. Frau E. erfuhr u. a., dass Frau A.-F. schon als Kind Kontakt mit dem Jugendamt gehabt hatte, „weil sich niemand um mich gekümmert hat. Das Jugendamt war die einzige Stelle, wo immer jemand für mich da war, wenn ich es zu Hause nicht mehr ausgehalten habe. Deshalb bin ich dann ins Heim gekommen – alles war besser, als bei den Eltern zu bleiben“. „Jetzt verstehe ich ihr großes Engagement für die Kinder“, sagte daraufhin Frau E. „Ja“, antwortete die Mutter,

„den Kindern soll es niemals so ergehen wie mir." Frau E. wurde deutlich, dass sie an diesem Engagement der Mutter für die Kinder und speziell für Daniel anknüpfen könne *(Ressourcenorientierung)*. Deutlich wurde der Sozialarbeiterin auch, dass die Offenheit der Mutter ihr gegenüber auf guten *Vorerfahrungen mit dem Jugendamt* beruhte. Sie konnte also einen Vertrauensvorschuss nutzen. „Meine Eltern haben sich totgesoffen, der Vater 1989 und die Mutter 1993", so Frau A.-F. „Verständlich, dass Ihnen der Geduldsfaden bei Harald [Herrn B.] schneller gerissen ist als anderen Frauen", meinte Frau E. „Man kann aber auch vom Alkohol wegkommen und sich wieder um seine Kinder kümmern, wenn man sie gern hat und man Hilfe von außen bekommt", fuhr sie mit einem kurzen Seitenblick auf Daniel fort. „Sehen Sie da für Ihren Expartner eine Chance, wenn wir ihm Hilfe anbieten?" „Könnte sein", meinte die Mutter, „denn Daniel ist für ihn sehr wichtig, aber ohne Hilfe bekommt er das nicht hin." Frau E. informierte nun darüber, dass sie einen Termin mit Herrn B. ausgemacht habe, und fragte Daniel, ob er mitkommen möchte. Er nickte, und man konnte ihm die Freude anmerken, den Vater wiederzusehen. „Hätte auch Jessica gern mehr Kontakt zum Vater?", fragte Frau E. „Das glaube ich nicht", antwortete die Mutter, aber Jessica ging dazwischen und sagte: „Ich will auch mal mit dem Daniel zum Harald."

Nun richtete sich die Aufmerksamkeit auf Herrn A.-F.s Herkunftsfamilie. Er war Einzelkind. Seine Eltern – beide inzwischen in Rente – wohnen in der Nähe. Die Beziehung zu ihnen war immer sehr eng, und sie haben sich auch sehr gefreut, als er Cornelia geheiratet hat und sie Großeltern geworden sind. Sie haben Cornelia wie eine Tochter aufgenommen und behandeln auch Jessica wie ihre Enkelin. Cornelia freut sich sehr darüber: „Endlich habe ich auch so was wie Eltern." Daniel sähen sie seltener, aber Herr A.-F. könne sich vorstellen, dass dies auch anders werden könnte, wenn Daniel das überhaupt möchte. Daniel wurde ganz rot vor Aufregung und sagte: „Großeltern haben ist doch super."

Als Frau E. die Familie verließ, hatte sie den Eindruck, dass schon jetzt eine positive Entwicklung in Gang gekommen war, allein durch ihre Anwesenheit als *allparteiliche Dritte* und die *Hoffnung auf Veränderungen.*

Zu dem vereinbarten Gespräch mit Herrn B. holte Frau E. Daniel bei Familie A.-F. ab. Der Vater öffnete die Wohnungstür, und mit einem kleinen Lächeln begrüßte er seinen Sohn, ziemlich angespannt Frau E. Er roch nach Alkohol, war aber nicht betrunken. In dem Gespräch wurde deutlich, dass er gerne wieder mit Daniel zusammenwohnen möchte, aber sich das selber gar nicht mehr zutraute: „Wissen sie, die Trennung von Cornelia und dass ich meine Arbeit verloren habe – das hat mir sehr zugesetzt." „Wahrscheinlich haben Sie es ja im Leben schon immer nicht einfach gehabt, und umso positiver finde ich, dass sie so an Ihrem Sohn interessiert sind", bemerkte Frau E. Gegen Ende des Gespräches brachte sie eine sozialpädagogische Familienhilfe *(SPFH nach § 31 KJHG – SGB VIII)* für Herrn B. und Daniel ins Spiel. Diese Form der Hilfe hatte das Team bei der *kollegialen Fallberatung* vorgeschlagen. Herr B. war nach einigem Zögern mit dem Vorschlag einverstanden, vor allem weil Frau E. betonte, dass eine Rückkehr von Daniel zu ihm nur möglich sei, wenn er auf das exzessive Trinken verzichten, den Haushalt versorgen und auf Daniels Schulbesuch achten könne – und dies erfordere allerhand Anstrengungen, die wahrscheinlich nur mit professioneller Hilfe zu bewältigen seien.

In dem vereinbarten Schulgespräch versicherte sich Frau E. nochmals der Unterstützung der Lehrerin, die auch verstand, dass Daniel sein Verhalten nicht von heute auf morgen ändern könne, weil ja die Veränderung der Alltagsverhältnisse auch ihre Zeit benötigten.

In einem zweiten Gespräch mit Vater und Sohn wurde dann das *Genogramm* durch den Blick auf die Herkunftsfamilie von

Herrn B. vervollständigt, und auch hier war zu bemerken, wie interessiert Daniel an den Erzählungen seines Vaters war. Der Vater von Herrn B. starb, als dieser sieben Jahre alt war (das aktuelle Lebensalter von Daniel – könnte hier eine der möglichen Antworten auf die Frage liegen, warum sich die Situation gerade jetzt so zugespitzt hatte? – vgl. Adamaszek 2003). Die Mutter bevorzugte in seinem Erleben den zwei Jahre jüngeren Bruder Klaus, und schlimm war, dass sie ihn und Daniel vor Kurzem im Stich gelassen hat, als sie zu seiner Familie (Klaus, seine Schwiegertochter und Enkelkind) zog. Frau E. bemerkte dazu: „Vielleicht können Sie ja diese Kränkung in Zukunft anders bewältigen als durch Alkohol; es muss doch ein tolles Gefühl sein, wenn man sich und auch der Familie zeigen kann, dass man trotz so schwerer Belastungen im eigenen Leben gut für sich und seinen Sohn sorgen kann."

Frau E. informierte nun das Ehepaar A.-F. und die Lehrerin von der Möglichkeit einer SPFH und lud sie, die Kinder und Herrn B. zum *Hilfeplangespräch* in das Jugendamt ein. Zuvor hatte sie einen ersten erfolgreichen Kontakt zwischen einem Familienhelfer und beiden Familien vermittelt. Der Familienhelfer gehörte dem „Sozialpädagogischen Zentrum (SPZ)" an, einem freien Jugendhilfeträger, der im Auftrag des Jugendamtes die SPFH in der Kommune organisiert. Auch der Familienhelfer nahm an dem Hilfeplangespräch teil, das von Frau E. moderiert wurde *(Case-Management)*. Man einigte sich auf das Ziel, dass Daniel innerhalb von drei Monaten wieder zum Vater zurückkehren solle. Das Ehepaar A.-F. konnte diesem Zeitplan zustimmen, weil Daniel seit dem ersten Gespräch beim Vater sehr viel ruhiger und offener geworden war. Die Möglichkeiten eines Kontaktes zwischen Jessica und ihrem Vater sollten ausgelotet werden. Der Familienhelfer sollte Herrn B. unterstützen, seinen Alkoholkonsum zu kontrollieren, den Haushalt zu bewältigen, die Suchtberatung aufzusuchen und sich in Zusammenarbeit mit dem örtlichen Job-Center wieder aktiv um eine Arbeit zu bemühen. Daniel sollte bei den Hausaufgaben unterstützt werden, und zur Verbesserung seiner sozialen Kontakte konnte er zweimal wöchentlich eine Kindergruppe des SPZ besuchen. Sollte Herr B. wieder eine Arbeitsstelle finden, müsste für Daniel eine Nachmittagsbetreuung organisiert werden. Gespräche zwischen Mutter und Vater über die Gestaltung der gemeinsamen elterlichen Sorge sollten vom Familienhelfer moderiert werden, und ab und zu sollte er auch bei der Familie A.-F. vorbeischauen. Denn Daniel sollte ja auch dort wieder einen sicheren Platz bekommen, um den Kontakt zur Mutter zu erhalten.

Durch die erste *Ziel- und Auftragsklärung* sowie das gelungene *Joining* wurde schon nach kurzer Zeit ein *Arbeitsbündnis* zwischen allen Beteiligten hergestellt.

Der Hilfeprozess konnte nun in seine dritte Phase eintreten – *„the middle or work phase"* (Shulman 1992).

3.2 Kinder zwischen Pflege- und Herkunftsfamilie – Skizze eines Hilfeprozesses

(von Gerhard Hammer und Renate Flügler)

3.2.1 Vorbemerkung

(von Wolf Ritscher)

In der folgenden Fallskizze wird in aller Kürze ein Hilfeprozess dargestellt, der im Rahmen des Familienberatungsprogramms im Jugendamt des Ortenaukreises (siehe hierzu Ritscher 2006b, Karolus 1995, Wnuk-Gette u. Wnuk 1995) stattgefunden hat. Interessant ist hier die Arbeit in einem aus Herkunftsfamilie, Pflegefamilie und Familienberatungsprogramm bestehenden Mesosystem. Die Fallskizze macht die Anwendung der unter 2.5.1. beschriebenen Handlungsrichtlinien der systemischen Sozialen Arbeit mit Familien deutlich: Hypothesenbildung, Zirkularität, Allparteilichkeit, Kontextualisierung und

Ressourcenorientierung. Die kursiv gedruckten Begriffe verweisen auf die in den ersten Kapiteln beschriebenen theoretischen Konzepte. Ich danke Renate Flügler und Gerhard Hammer sehr herzlich, dass sie uns diesen kurzen „Blick in die Werkstatt" gestatten.

3.2.2 Der Hilfeprozess

Ausgangssituation

Eine zum Beratungsbeginn etwa 40-jährige Mutter, Frau D., wollte ihre drei Söhne alle wieder bei sich im Haushalt haben: Christof (17 Jahre), Theo (15 Jahre) und Alex (12 Jahre).[11] Zehn Jahre zuvor war Frau D. geschieden worden. Sie geriet in eine schwere persönliche Krise, die durch traumatische, nicht verarbeitete Ereignisse ihrer Kindheit (Missbrauch) noch verschärft wurde. Unfall und Suizidgefährdung zwangen sie, die beiden jüngeren Kinder zunächst in ein Heim zu geben. Ihren ältesten Sohn behielt sie bei sich. Das Sorgerecht für die Kinder lag weiterhin bei ihr. Im Alter von 9 Jahren kam Theo schließlich in die Pflegefamilie G.; sein jüngerer Bruder Alex folgte ihm ein Jahr später dorthin.

Die ersten Jahre in der Pflegefamilie waren für die beiden Kinder recht gute Jahre. Doch allmählich zeigten sich Auffälligkeiten. Die Pflegeeltern klagten über ungewöhnlich häufige Streitereien der Geschwister untereinander. Außerdem nahmen bei beiden die Schulprobleme zu. Alex war deutlich übergewichtig geworden. Bei Theo wurde ADHS diagnostiziert und medikamentös behandelt. Beunruhigend war insbesondere, dass Theo mehrere Brände im Anwesen der Pflegeeltern und in der Nachbarschaft gelegt hatte; diese Brände waren rechtzeitig entdeckt worden, zeigten jedoch die Brisanz der Situation. Als Erklärung wurde anfangs die Vermutung präsentiert: Die Kinder spüren den Wunsch der Mutter, geraten zwischen der Mutter und den Pflegeeltern in einen *Loyalitätskonflikt* und agieren dies in Auffälligkeiten aus. Im Verlauf der Beratung sollte sich zeigen, dass der Zusammenhang nicht linear, sondern als *Wechselbezug systemisch-zirkulär* zu sehen war.

Die Pflegeeltern hatten neben Theo und Alex weitere Geschwisterkinder in ihr Pflegenest aufgenommen: ein sechsjähriges Mädchen und einen dreijährigen Jungen. Die beiden 41-jährigen Pflegeeltern waren kinderlos geblieben. Die Pflegemutter hatte einen einschlägigen sozialen Beruf erlernt; der Pflegevater war Techniker. Beide bemühten sich um gute und enge Beziehungen zu ihren Pflegekindern. Manche Hinweise ließen auf Tendenzen zur Adoption schließen. Dem kamen Theo und Alex durch eigene Wünsche auch entgegen: Sie wollten die Pflegeeltern mit „Mama" und „Papa" anreden und sie nahmen den Familiennamen der Pflegeeltern an. Den Adoptionswünschen der Pflegeeltern widersetzten sich die leiblichen Eltern. Es war jedoch durchaus verständlich, dass sich die Pflegeeltern entschieden gegen die Rückführung der Kinder zur leiblichen Mutter wehrten.

Planung der Hilfe

Zu Beginn jeder Maßnahme im Rahmen des Familienberatungsprogramms erfolgt eine *Hilfeplanung* unter Federführung und in Verantwortung des Kommunalen Dienstes zusammen mit dem betroffenen System und den Familienberatern. Ergebnis ist ein (schriftlich ausformulierter) Hilfeplan gemäß *§ 36 SGB VIII (KJHG)*. Damit wird deutlich, dass der Träger der Jugendhilfe grundsätzlich in Verantwortung bleibt für die getroffene Maßnahme und jede mögliche weitere notwendige und geeignete Hilfe. Im *Hilfeplan* wird deutlich auf die Rechtsgrundlage der Maßnahme hingewiesen: in der Regel §§ 27 ff SGB VIII (Hilfe zur Erziehung), besonders jedoch § 31 KJHG (sozialpädagogische Familienhilfe).

Diese Verortung im Bereich der Kinder- und Jugendhilfe ist für das Selbstverständnis der Familientherapeuten im Programm von Bedeutung. Gewiss sprechen wir von „therapeutischer" Arbeit; manche Honorarkräfte haben auch die Approbation zum Psychotherapeuten und verstehen ihre Arbeit im Programm dementsprechend. Aber es ist nicht nur ein Hinweis auf Formalia, wenn der Bezugspunkt das SGB VIII ist (Kinder- und Jugendhilfe) und eben nicht SGB V (Gesundheitswesen).

Als Ziele der Familienberatung wurden im Hilfeplan unseres Beispieles u. a. formuliert:

- Klärung der Frage, wo mittelfristig der „Lebensmittelpunkt" für Theo und Alex sein kann;
- Begleitung und Unterstützung der Pflegeeltern;
- Förderung der Kooperation zwischen den Pflegeeltern und der leiblichen Mutter;
- Klärung der Frage nach weiteren therapeutischen Maßnahmen;
- Klärung der schulischen Situation.

Verlauf der Beratung

Die Weise, wie wir arbeiten, ist „systemisch-integrativ". Da uns aufgrund unserer therapeutischen Ausbildung noch andere Therapieansätze vertraut sind, versuchen wir, aus ihnen weitere Methoden und Instrumente zu integrieren, soweit sie uns für das System und die vorliegende Problematik geeignet erscheinen. Wir bemühen uns, wie die meisten Therapeuten dies heute wohl auch tun, um eine „maßgeschneiderte" Vorgehensweise. Grundlage bleibt dabei die *Systemtheorie und die ihr zugeordnete therapeutische Praxis*. Aber wir wissen auch um die Bedeutung der „common factors" einer jeden Beratung und Therapie.

Die Arbeit im vorliegenden Fall erstreckte sich über 15 Monate hinweg. Insgesamt zählten wir 18 Sitzungen. Dabei ergab sich eine deutliche Struktur: neun Sitzungen lagen vor und neun nach der (zunächst probeweise erfolgten) Rückführung der Kinder zur Mutter. Ein halbes Jahr nach der letzten Sitzung folgte eine Follow-up-Sitzung.

Das *Setting* der einzelnen Sitzungen handhabten wir sehr variabel. Es gab Sitzungen mit dem Gesamtsystem: der Mutter und ihrem Partner, den Kindern, den Pflegeeltern sowie mit Personen aus dem verwandtschaftlichen und formellen (professionellen) Umfeld. Es gab aber auch systemische Arbeit mit Einzelnen oder Subsystemen; diese Struktur wählten wir vor allem dann, wenn durch Anwesenheit bestimmter Personen eine zu hohe soziale Kontrolle bestanden hätte und dadurch die Offenheit der Aussagen reduziert worden wäre; allerdings sorgten wir in diesen Fällen dafür, dass wichtige Botschaften wieder in das Gesamtsystem transportiert werden konnten.

Der Ort der Beratung lag überwiegend im Umfeld der Betroffenen. Wir sehen deutlich die Vorteile einer „aufsuchenden Familientherapie" und nutzen sie. Manchmal spricht vieles aber auch für die Beratungsräume des Jugendamtes oder für einen anderen neutralen Ort.

Die ersten Sitzungen dienten – wie könnte es anders sein – dem Erforschen und Einschätzen: Was sind die *Probleme* und *Defizite*? Was sind aber auch die Stärken und *Ressourcen*? Gerade diese letzteren müssen genannt werden; denn es sind die Betroffenen selbst, die aus ihren Kräften heraus die Hauptarbeit leisten. An *Methoden* benutzen wir die üblichen und bekannten: offene und zirkuläre Fragen, die Arbeit am Genogramm, die Entwicklung und Geschichte des Systems (einschließlich der Geschichte bisheriger Maßnahmen und Behandlungen). Ziel des Erforschens ist dabei nicht primär, dass wir selbst viel wissen, eine präzise *„Diagnose"* erstellen und intelligente Hypothesen zur Ätiologie entwickeln können; Ziel ist vielmehr, dass die Mitglieder des Systems viel über sich erkennen und über die Regeln, nach denen sie kommunizieren. Jedes Erforschen ist zugleich *Intervention*. Und wenn wir einen (wertschätzenden) Systemkommentar von der Familie formulieren, so hoffen wir, dass er ein

Input sein könnte, der zur Auseinandersetzung und Neukalibrierung (vorübergehend vielleicht zur „Verstörung") im System führen kann.

In der Arbeit mit dem Klientel des Jugend- und Sozialamtes sind nonverbale Instrumente besonders hilfreich: Durch sie können Beziehungen visualisiert und besser nachempfunden werden. Darum setzen wir häufig das Skulpturieren ein, sei es in der klassischen Form der Familienskulptur, sei es mithilfe von Materialien (Holzklötzchen, Familienbrett u. Ä.). In unserem Fall war es die Variante einer „Wunschskulptur" (mit Klötzchen), die uns zeigte, dass eine Rückführung möglich ist, ohne die über gute Jahre gewachsene Beziehung zu den Pflegeeltern zu zerstören. Diese Erkenntnis hatte zur Folge, dass sich die „Option der Rückführung" als Fokus der Familienberatung deutlich durchsetzen konnte.

Die Fokussierung auf die Rückführung war keineswegs selbstverständlich. Denn Theo hatte durch eine Brandlegung im Anwesen der Pflegeeltern wieder für große Aufregung gesorgt. In dieser Situation wäre es vielleicht möglich gewesen, das vorsätzliche Feuerlegen im Zentrum der allgemeinen Aufmerksamkeit zu belassen und eine „Diagnose nach ICD 10: F 63.1" zu prüfen. Von allen plausiblen *Hypothesen* folgten wir jener, die in Theos ohne Zweifel auffälligem Verhalten auch die Entscheidung des Jungen für die Mutter und gegen sein bisheriges Umfeld sah.

Die Mutter hatte sich im Verlauf der Monate (unter therapeutischer Begleitung) weiter stabilisiert; sie hatte einen Teilzeitjob gefunden; sie hatte außerdem ihre neue Partnerschaft intensiviert. So konnten die gemeinsamen Wochenenden und Ferienzeiten mit den Kindern „ad experimentum" ausgedehnt werden. Um das Zusammenleben nicht gleich von Beginn an zu gefährden, wurden angemessene Regeln erarbeitet. In diesen Prozess wurde der neue Partner einbezogen; er erwies sich dabei als wichtige Stütze.

Für die Pflegeeltern war es nicht einfach, die Option der Rückführung anzunehmen. Für eine Sitzung hatten sie sich eine Expertin (Kinderärztin) aus einem Interessenverband von Pflegeeltern geholt. Sie vertrat auf der Grundlage der Bindungstheorie geradezu anwaltlich die Rechte der Pflegeeltern. Aus systemischer Sicht konnten wir dem eine weitere Position gleichsam ergänzend hinzufügen: Pflegeeltern als Mitarbeiter des Jugendamtes, die die leiblichen Eltern nicht ersetzen oder gar verdrängen wollen, sondern den Kindern weitere Beziehungsmöglichkeiten anbieten – und zwar in einer Weise, dass Kinder nicht unnötig in strapaziöse Loyalitätskonflikte geraten. Wir vergaßen dabei nicht, im Sinne der „*Allparteilichkeit*“ die bisherige Arbeit der Pflegeeltern angemessen zu würdigen. Das sachliche „Gespräch unter Experten“ schien den Pflegeeltern zumindest eine bedenkenswerte neue Optik zu eröffnen. Erleichtert wurde ihnen die Situation dadurch, dass sie in ihrem Pflegenest immer noch zwei Pflegekinder hatten und ihnen außerdem Neuzugänge in Aussicht gestellt worden waren.

Schwierig war es, die Schule für die Rückführung offen zu halten. Leiter und Lehrerinnen (mit einer Ausnahme) der freien, von einer religiösen Gemeinschaft getragenen Schule standen weltanschaulich den Pflegeeltern sehr nahe. Der Mutter begegneten sie mit großer Skepsis. Für uns überraschend mussten wir auf Bedenken gegenüber der Schichtzugehörigkeit und dem zugegebenermaßen „restringierten Sprachcode“ der Mutter eingehen. Aber schließlich konnte – wiederum auf dem Wege eines „Gesprächs unter Experten“ – eine gewisse „wohlwollende Neutralität“ für das Experiment hergestellt werden.

Ergebnis

Beim Abschlussgespräch konnte eine gelungene Rückführung konstatiert werden. Die „Follow-up-Sitzung“ ein halbes Jahr später bestätigte das Ergebnis: Theo hatte ganz aufgehört zu zündeln. Die medikamentöse Behandlung wegen ADHS konnte reduziert werden. Die Schule hatte er inzwischen gewechselt; aus der neuen brachte er gute bis sehr gute Noten nach Hause. – Sein Bruder Alex hatte entsprechend der ursprünglichen Empfehlung von der Realschule auf die Hauptschule gewechselt und erzielte dort ebenfalls nur noch gute Noten. Beide Kinder kamen nach eigenen Aussagen und denen des Umfeldes gut miteinander aus; die Streitereien hatten sich deutlich reduziert. Beide hatten im neuen *Umfeld* Freunde gefunden. Auch das Verhältnis zum ältesten Bruder Christof wurde als gut eingeschätzt.

Das Verhältnis zwischen den Erwachsenen (der Mutter und ihrem neuen Partner) auf der einen Seite sowie Theo und Alex auf der anderen wurde ebenfalls als problemlos geschildert. Der neue „Lebensmittelpunkt" wirkte auf die Berater bei den beiden letzten Besuchen als durchaus „funktionaler" Rahmen, in dem sich die Kinder voraussichtlich gut entwickeln könnten. Auch das Verhältnis zum leiblichen Vater hatte sich verbessert und intensiviert.

Besonders erfreulich war, dass die Kinder wiederum guten Kontakt zu ihren ehemaligen Pflegeeltern aufgenommen hatten. Es war anscheinend gelungen, diese wichtigen Beziehungen als Teil des *Netzwerkes* durch die kritische Zeit der Rückführung neu zu strukturieren und somit zu erhalten. Erwähnenswert ist dabei, dass die beiden Kinder bisher selbst aktiv waren, um den Kontakt zu pflegen.

Anmerkungen

1 Der Konstruktivismus, von einigen Autoren auch als „zweite Kybernetik“ bezeichnet, beschreibt ein System vor allem unter den Perspektiven der System-Umwelt-Differenz, der Selbstorganisation, der Unmöglichkeit einer Steuerung interner Systemprozesse durch die Umwelt und seiner Eigenkonstruktionen. Die theoretische Entwicklung der Heidelberger Gruppe folgte dieser Linie, und die in der Theorie der Familiendynamik vorherrschende Sicht des Systems als sich ausbalancierenden Organismus verlor an Bedeutung.

2 Diese Kombination von „Angebot“ und „Eingriff“ kann aber im Rahmen eines Hilfeprozesses zum „gemeinsamen Handeln“ werden (zu diesen drei Begriffen siehe Müller 1993).

3 Im Jahr 2000 gab es dem Mikrozensus zufolge in Deutschland 38,1 Millionen Haushalte. Davon entfielen auf Ehepaare mit Kindern 25,2 %, nichteheliche Lebensgemeinschaften mit Kindern 1,1 %, nichteheliche Lebensgemeinschaften ohne Kinder 3,9 %, Alleinerziehende 5,8 %, Familien mit nicht mehr ledigen Kindern 0,9 %, Haushalte mit drei oder mehr Generationen 0,8 %, Ehepaare ohne Kinder 24,8 %, Einpersonenhaushalte von Männern 15,2 %, Einpersonenhaushalte von Frauen 20,9 %; 1,4 der Haushalte fallen unter die Restkategorie „Sonstige Haushalte ohne Kinder“(Engstler u. Menning 2003, S. 34).

4 Ich vermeide hier den oft verwendeten Ausdruck „Multiproblemfamilien“, der die Gefahr der Etikettierung und Stigmatisierung beinhaltet und auch unter systemisch-konstruktivistischer Perspektive sehr problematisch ist (siehe hierzu Herwig-Lempp 2001).

5 Ich wähle den von Maja Heiner und Christian Schrapper (2004) vorgeschlagenen Begriff des „diagnostischen Fallverstehens“, um den Problemen zu entgehen, die sich mit der Verwendung der Begriffe „Diagnose“ und „Fallverstehen“ verbinden. Zu dieser Diskussion siehe Heiner (2004), Schrapper (2004) und Neo-Diagnostik (2003).

6 Als Beispiel verweise ich auf die Falldarstellung „Eine Einladung zum ‚Runden Tisch‘ als Folge einer Supervision“ in Ritscher (2004a, S. 165 ff.).

7 Stierlin (1994) spricht in diesem Zusammenhang von „bezogener Individuation“ und der dabei notwendigen Integration von „Individuation gegen“ die und „Individuation mit“ den Eltern.
8 Z. B. gehört in der „aufsuchenden Familientherapie“ Ko-Arbeit zum Standard (siehe Conen 2002; Reiner et al. 2005).
9 Der Begriff „Verstörung“ (siehe Ludewig 1993) ermöglicht eine Gegenperspektive zu Begriffen wie „Probleme“, „Symptome“, „Krankheiten“ oder „Störungen“. Durch ihn wird der Fokus der Betrachtung auf die Beziehungsdynamik zwischen Menschen sowie zwischen Menschen und Institutionen gelegt und auf Faktoren, die mit Irritationen, Krisen und Belastungen in einen Zusammenhang gebracht werden können.
10 Alle in diesem Kapitel auftretende Namen wurden aus Datenschutzgründen verändert.
11 Die Namen wie auch weitere Daten sind so geändert, dass die Anonymität der Personen gewahrt ist.

Literatur

Adamaszek, R. (2003): Familien-Biographik. Heidelberg (Carl-Auer), 2. Aufl.

Ahrens, P. et al. (2005): Sozialräumliche, integrierte und flexible Jugendhilfe im Gemeinwesen: Ein systemisches Konzept. In: W. Ritscher (Hrsg.) (2005b): Systemische Kinder- und Jugendhilfe. Anregungen für die Praxis. Heidelberg (Carl-Auer).

Andersen, T. (1990): Das reflektierende Team. Dortmund (verlag modernes lernen).

Bandler, R., J. Grinder u. V. Satir (1978): Mit Familien reden. München (Pfeiffer).

Bandler, R. u. J. Grinder (1983): Neue Wege der Kurzzeit-Therapie. Paderborn (Jungfermann).

Bateson, G. et al. (1972): Schizophrenie und Familie. Frankfurt a. M. (Suhrkamp).

Bauriedl, T. (2004): Auch ohne Couch. Psychoanalyse als Beziehungstheorie und ihre Anwendung. Stuttgart (Klett-Cotta).

Berg, I. K. (1992): Familien-Zusammenhalt(en). Dortmund (verlag modernes lernen).

Berg, I. K. u. S. D. Miller (1993): Kurzzeittherapie bei Alkoholproblemen. Heidelberg (Carl-Auer), 5. Aufl. 2004.

BfFSFJ – Bundesministerium für Familie, Senioren, Frauen und Jugend (1999): Kinder- und Jugendhilfegesetz. Bonn (Broschüre des Ministeriums).

Bloch, E. (1973): Das Prinzip Hoffnung. Frankfurt a. M. (Suhrkamp).

Böhnisch, L. (1982): Der Sozialstaat und seine Pädagogik. Neuwied (Luchterhand).

Boscolo, L. u. P. Bertrando (1997): Systemische Einzeltherapie. Heidelberg (Carl-Auer), 2. Aufl. 2000.

Boszormenyi-Nagy, I. (1975): Eine Theorie der Beziehungen: Erfahrung und Transaktion. In: I. Boszormenyi-Nagy u. J. L. Framo (Hrsg.): Familientherapie. Reinbek (Rowohlt).

Boszormenyi-Nagy, I. u. J. L. Framo (1975): Familientherapie. 2 Bde. Reinbek (Rowohlt).

Boszormenyi-Nagy, I. u. G. Spark (1981): Unsichtbare Loyalitäten. Stuttgart (Klett-Cotta).
Bowen, M. (1972): Die Familie als Bezugsrahmen für die Schizophrenieforschung. In: G. Bateson et al. (Hrsg.): Schizophrenie und Familie. Frankfurt a. M. (Suhrkamp).
Brandl-Nebehay, A. u. U. Russinger (1995): Systemische Ansätze im Jugendamt – Pfade zwischen Beratung, Hilfe und Kontrolle. *Zeitschrift für systemische Therapie* 13 (2): 90–104.
Bronfenbrenner, U. (1981): Die Ökologie der menschlichen Entwicklung. Stuttgart (Klett-Cotta).
Busch, F. W. u. R. Nave-Herz (Hrsg.) (2005): Familie und Gesellschaft. Oldenburg (Bibliotheks- und Informationssystem der Universität Oldenburg).
Capra, F. (1996): Lebensnetz. Bern/München/Wien (Scherz).
Conen, M.-L. (1996a): Aufsuchende Familientherapie mit Multiproblemfamilien. *Kontext* 27 (2): 150–165.
Conen, M.-L. (1996b): „Wie können wir ihnen helfen, uns wieder loszuwerden?" – Aufsuchende Familientherapie mit Multiproblemfamilien. *Zeitschrift für systemische Therapie* 14 (3): 178–185.
Conen, M.-L. (Hrsg.) (2002): Wo keine Hoffnung ist, muss man sie erfinden. Aufsuchende Familientherapie. Heidelberg (Carl-Auer), 3. Aufl. 2006.
Cooper, D. (1972): Der Tod der Familie. Reinbek (Rowohlt).
Duss-von Werth, J. (1996): Familientherapie – Systemtherapie. Eine Materialsammlung. Luzern (Eigenverlag).
Elkaim, M. (1992): Wenn du mich liebst, lieb mich nicht. Wirklichkeitskonstruktionen in der systemischen Familientherapie. Freiburg i. B. (Lambertus).
Engstler, H. u. S. Menning (2003): Die Familie im Spiegel der amtlichen Statistik. Bonn (Bundesministerium für Familie, Senioren, Frauen und Jugend).
Foerster, H. von (1999): Sicht und Einsicht. Heidelberg (Carl-Auer).
Frankl, V. (1972): Der Mensch auf der Suche nach Sinn. Freiburg i. Br. (Herder).
Freud, S. (1914): Erinnern, Wiederholen. Durcharbeiten. Gesammelte Werke. Bd. 10. Frankfurt a. M. (S. Fischer), 1969.
Galtung, J. (1970): Friedensforschung. In: E. Krippendorf (Hrsg.): Friedensforschung. Köln (Kiepenheuer u. Witsch).
Gerber, G. (1980): Umzug tut weh. Reinbek (Rowohlt).

Goffman, E. (1972): Stigma. Über Techniken der Bewältigung beschädigter Identität. Frankfurt a. M. (Suhrkamp).
Goldbrunner, H. (1988): Arbeit mit Problemfamilien. Mainz (Grünewald).
Goldbrunner, H. (1991): Beziehungsrealität und Therapie von Problemfamilien. *Zeitschrift für systemische Therapie* 9 (4): 243–252.
Grawe, K. (2000): Psychologische Therapie. Göttingen (Hogrefe).
Habermas, J. (1971): Technik und Wissenschaft als Ideologie. Frankfurt a. M. (Suhrkamp).
Habermas, J. (1973): Erkenntnis und Interesse. Frankfurt a. M. (Suhrkamp).
Hargens, J. (1993): KundIn, KundigE, KundschafterIn. Gedanken zur Grundlegung eines helfenden Zugangs. *Zeitschrift für systemische Therapie* 11 (1): 14–20.
Heiner, M. et al. (1994): Methodisches Handeln in der Sozialen Arbeit. Freiburg i. B. (Lambertus).
Heiner, M. (Hrsg.) (2004): Diagnostik und Diagnosen in der Sozialen Arbeit. Berlin Deutscher Verein für öffentliche und private Fürsorge).
Heiner, M. u. C. Schrapper (2004): Diagnostisches Fallverstehen in der Sozialen Arbeit. Ein Rahmenkonzept. In: C. Schrapper (Hrsg.): Sozialpädagogische Diagnostik und Fallverstehen in der Jugendhilfe. Weinheim/München (Juventa).
Herchenhan, M. u. S. Heppel (2005): Cleartalk – Ein systemisches Konzept für die Zusammenarbeit in sozialen Kontexten. Das Projekt Systemische Klärungsgespräche. In: W. Ritscher (Hrsg.) (2005b): Systemische Kinder- und Jugendhilfe. Anregungen für die Praxis. Heidelberg (Carl-Auer).
Herwig-Lempp, J. (2001): Stichwort Multiproblemfamilie. *Kontext* 32 (2): 160–161.
Herwig-Lempp, J. (2002): Maschinen, Menschen, Möglichkeiten – Eine kleine Ideengeschichte des systemischen Arbeitens. *Kontext* 33 (3): 190–212.
Herwig-Lempp, J. (2004): Ressourcenorientierte Teamarbeit. Göttingen (Vandenhoeck u. Ruprecht).
Hildenbrand, B. (2005): Einführung in die Genogrammarbeit. Heidelberg (Carl-Auer).
Hinsch, R. u. U. Pfingsten (2002): Gruppentraining sozialer Kompetenzen (GSK). Weinheim (Beltz).

Hollstein-Brinkmann, H. (1993): Soziale Arbeit und Systemtheorien. Freiburg i. B. (Lambertus).
Hosemann, W. u. W. Geiling (2005): Einführung in die systemische Soziale Arbeit. Freiburg i. Br. (Lambertus).
Hüther, G. (2004): Die Macht der inneren Bilder. Göttingen (Vandenhoeck u. Ruprecht).
Imber-Black, E. (1990): Familien und größere Systeme. Heidelberg (Carl-Auer), 5. Aufl. 2006.
Jonas, H. (1984): Das Prinzip Verantwortung. Frankfurt a. M. (Suhrkamp).
Kaiser, P. (2005): Qualitative Methoden in der familienpsychologischen Forschung. In: F. W. Busch u. R. Nave-Herz (Hrsg.): Familie und Gesellschaft. Oldenburg (Bibliotheks- und Informationssystem der Universität Oldenburg).
Karolus, S. (1995): Von der familienorientierten Hilfe zu einem systemischen Beratermodell im Ortenaukreis. Nachrichtendienst des Deutschen Vereins für öffentliche und private Fürsorge 75 (6): 226–228.
Kleve, H. (2003): Sozialarbeitswissenschaft, Systemtheorie und Postmoderne. Freiburg i. B. (Lambertus).
Kleve, H. et al. (2003): Systemisches Case Management. Aachen (Kersting). [Neuaufl. (2006): Heidelberg (Carl-Auer).]
Kraus, B. (2002): Konstruktivismus – Kommunikation – Soziale Arbeit. Heidelberg (Carl-Auer).
Kraus, B. (2006): Lebenswelt und Lebensweltorientierung – Eine begriffliche Revision als Angebot an eine systemisch-konstruktivistische Sozialarbeitswissenschaft. *Kontext* 37 (2): 116–129.
Kron-Klees, F. (1994): Claudia – oder Öffentliche Jugendhilfe als heilsamer Impuls. Dortmund (borgmann).
Kron-Klees, F. (2001): Familien begleiten. Freiburg i. B. (Lambertus).
Kühling, L. (2006): Wenn Theoretiker Theorie lieben – Praktiker sie wenig zur Kenntnis nehmen – und sie dennoch ein wenig wirkt. *Kontext* 37 (2): 130–148.
Lang, H. (1973): Die Sprache und das Unbewußte. Jacques Lacans Grundlegung der Psychoanalyse. Frankfurt a. M. (Suhrkamp).
Laing, R. D. (1974): Die Politik der Familie. Köln (Kiepenheuer u. Witsch).
Ludewig, K. (1993): Systemische Therapie. Stuttgart (Klett-Cotta).
Luhmann, N. (1986): Ökologische Kommunikation. Opladen (Westdeutscher Verlag).

Lüssi, P. (1992): Systemische Sozialarbeit. Bern/Stuttgart/Wien (Haupt).

Madanes, C. (1991): The Therapy of Sex Offenders und their Victims. Vortrag auf dem 2. Kongress „The Evolution of Therapy" Dez. 1991, Anaheim, USA [Audiocass.] Phoenix (The Milton Erickson Foundation).

Madanes, C. (1997): Sex, Liebe und Gewalt. Heidelberg (Carl-Auer).

Massing, A. (1997): Was gewinnen Familientherapeut(inn)en durch Hausbesuche? *Kontext* 28 (2): 116–127.

Masson, H. C. u. P. O'Byrne (1984): Applying Family Therapy. Oxford (Pergamon).

Maturana, H. u. F. Varela (1984): Der Baum der Erkenntnis. Bern/München/Wien (Scherz).

May, D. (1999): Kinder und Eltern im Kontext von Süchten. Hochschule für Sozialwesen Esslingen (unveröffentl. Diplomarbeit).

McGoldrick, M. u. R. Gerson (1990): Genogramme in der Familienberatung. Bern (Huber).

Milowiz, W. (1998): Teufelskreis und Lebensweg – Systemisches Denken in der Sozialarbeit. Wien/New York (Springer).

Minuchin, P., J. Colapinto u. S. Minuchin (2000): Verstrickt im sozialen Netz. Neue Lösungswege für Multiproblem-Familien. Heidelberg (Carl-Auer).

Minuchin, S. (1977): Familie und Familientherapie. Theorie und Praxis struktureller Familientherapie. Freiburg i. Br. (Lambertus).

Minuchin, S. (1988): Familienkaleidoskop. Bilder von Gewalt und Heilung. Reinbek (Rowohlt).

Minuchin, S., B. L. Rosman u. L. Baker (1989): Psychosomatische Krankheiten in der Familie. Stuttgart (Klett-Cotta), 4. Aufl.

Minuchin, S. et al. (1967): Families of the Slums. New York/London (Basic).

Müller, B. (1993): Sozialpädagogisches Können. Ein Lehrbuch zur multiperspektivischen Fallarbeit. Freiburg i. B. (Lambertus).

Musch-Grau, S. u. W. Ritscher (2005): Die systemisch-familiendynamische Mehrgenerationenperspektive zu Beginn des Hilfeprozesses. In. W. Ritscher (Hrsg.): Systemische Kinder- und Jugendhilfe. Heidelberg (Carl-Auer).

Müssig, R. (1991): Familien – Selbst – Bilder. München/Basel (Reinhardt).

„Neo-Diagnostik – Modernisierung klinischer Professionalität". Themenheft *Widersprüche* 88/2003.

Oerter, R. (Hrsg.) (1978): Entwicklung als lebenslanger Prozeß. Hamburg (Hoffman u. Campe).
Pfeifer-Schaupp, H.-U. (1995): Jenseits der Familientherapie. Freiburg i. Br. (Lambertus).
Reiner, A. et al. (2005): Aufsuchende Familientherapie als ambulante Hilfe zur Erziehung. In: W. Ritscher (Hrsg.): Systemische Kinder- und Jugendhilfe. Heidelberg (Carl-Auer), S. 236–265.
Rigas, V. u. C. Vetter (1987): Fragen an Virginia Satir. *Familiendynamik* 12 (2): 182–192.
Ritscher, W. (1990): Kontexte der Sozialisation: Gesellschaft, Familie, Kindheit. *Kontext* 19: 19–31.
Ritscher, W. (1991): Ein theoretischer Rahmen für die Arbeit mit Familien in Sozialarbeit und Familienberatung. *Zeitschrift für systemische Therapie* 9 (4): 287–297.
Ritscher, W. (2002a): Systemische Modelle für die Soziale Arbeit. Heidelberg (Carl-Auer), 2. Aufl. 2005.
Ritscher, W. (Hrsg.) (2002b): Die Beierle-Saga oder: Der Sprung ins Leben. Ein Lehrvideo zur Praxis der Systemischen Sozialen Arbeit mit Familien. Esslingen (Verlag der Hochschule für Sozialwesen Esslingen).
Ritscher, W. (2004a): Systemisch-psychodramatische Supervision in der psycho-sozialen Arbeit. Eschborn (Klotz), 3. Aufl.
Ritscher, W. (2004b): Prinzipien und Verfahren systemischer Diagnostik in der Sozialen Arbeit. In: M. Heiner (Hrsg.) (2004): Diagnostik und Diagnosen in der Sozialen Arbeit. Ein Handbuch. Berlin (Deutscher Verein für öffentliche und private Fürsorge).
Ritscher, W. (2005a): Stichwort Systemische Soziale Arbeit. *Kontext* 36 (2): 197–199.
Ritscher, W. (Hrsg.) (2005b): Systemische Kinder- und Jugendhilfe. Anregungen für die Praxis. Heidelberg (Carl-Auer).
Ritscher, W. (2006a): Das Tun des Einen ist das Tun des Anderen: Helm Stierlins Beiträge zur Entwicklung der Familien- und Systemtherapie. *Kontext* 37 (1): 5–22.
Ritscher, W. (2006b): Das Familienberatungsprogramm im Jugendamt des Ortenaukreises. Ein Interview mit Martin Fehrenbach, Renate Flügler, Gerhard Hammer, Thomas Kaiser, Gisal Wnuk-Gette und Werner P. Wnuk. Kontext 37 (2): 171–190.
Ritscher, W. u. A. Iser (2005): Systemische Teamsupervision. *Kontext* 36 (1): 36–55.

Rosman, B. L., S. Minuchin u. R. Liebman (1976): Der „Familien-Lunch“: Eine Möglichkeit zur Einleitung einer Familientherapie bei Magersucht. *Familiendynamik* 1 (4): 334–346.
Roth, G. (1997): Das Gehirn und seine Wirklichkeit. Frankfurt a. M. (Suhrkamp).
Roth, G. (2001): Fühlen, Denken, Handeln. Wie das Gehirn unser Verhalten steuert. Frankfurt a. M. (Suhrkamp).
Roth, J. K. (1983): Systemische Familientherapie. *Familiendynamik* 8 (3): 266–271.
Roth, M. (2003): Träume in der systemischen Paartherapie. Göttingen (Vandenhoeck u. Ruprecht).
Rothe, M. (1990): Sozialpädagogische Familien- und Erziehungshilfe. Stuttgart/Berlin/Köln (Kohlhammer), 3. Aufl.
Rücker-Embden-Jonasch, I. u. A. Ebbecke-Nohlen (1992): Balanceakte. Familientherapie und Geschlechterrollen. Heidelberg (Carl-Auer), 2. Aufl. 2000.
Satir, V. (1973): Familienbehandlung. Kommunikation und Beziehung in Theorie, Erleben und Therapie. Freiburg i. Br. (Lambertus).
Satir, V. (1986): Der entwicklungsorientierte Ansatz [Video]. Dortmund (Video-Cooperative Ruhr).
Satir, V. (1987): Konsultation einer Familie mit psychosomatischen Störungen [Video]. Dortmund (Video-Cooperative Ruhr).
Satir, V. (1989): Selbstwert und Kommunikation. München (Pfeiffer).
Schindler, H. (Hrsg.) (1996): Un-heimliches Heim. Dortmund (Modernes Lernen).
Schlippe, A. von u. J. Schweitzer (1996): Lehrbuch der systemischen Therapie und Beratung.
Schlippe, A. von, M. El Hachimi u. G. Jürgens (2003): Multikulturelle systemische Praxis. Heidelberg (Carl-Auer).
Schmidt, G. (2005): Einführung in die hypnosystemische Therapie und Beratung. Heidelberg (Carl-Auer).
Schrapper, C. (Hrsg.) (2004): Sozialpädagogische Diagnostik und Fallverstehen in der Jugendhilfe. Weinheim/München (Juventa).
Schulz von Thun, F. (1981): Miteinander reden. Bd. 1. Reinbek (Rowohlt).
Schweitzer, J. u. D. Reuter (1991): „Wenn der Kunde König wäre“: Ideen zur Zukunft öffentlich-rechtlicher psychosozialer Dienste. *Zeitschrift für systemische Therapie* 9 (4): 269–275.

Schweitzer, J. u. G. Weber (1982): Beziehung als Metapher. Die Familienskulptur als diagnostische, therapeutische und Ausbildungstechnik. *Familiendynamik* 7(2): 113–128.
Selvini Palazzoli, M. et al. (1978): Paradoxon und Gegenparadoxon. Stuttgart (Klett-Cotta).
Selvini Palazzoli, M. et al. (1981): Hypothetisieren – Zirkularität – Neutralität: Drei Richtlinien für den Leiter einer Sitzung. *Familiendynamik* 6 (2): 123–138.
Selvini Palazzoli, M. et al. (1986): The Hidden Games Of Organizations. New York (Pantheon).
Selvini, M. (Hrsg.) (1992): Mara Selvinis Revolutionen. Heidelberg (Carl-Auer).
Shulman, L. (1992): The Skills of Helping. Itasca, Il (Peacock).
Simon, F. B. u. C. Rech-Simon (1999): Zirkuläres Fragen. Systemische Therapie in Fallbeispielen: Ein Lernbuch. Heidelberg (Carl-Auer), 6. Aufl. 2004.
Simon, F. B., U. Clement u. H. Stierlin (1999): Die Sprache der Familientherapie. Ein Vokabular. Stuttgart (Klett-Cotta).
Simon-Hohm, H. (2000): Interkulturelle Öffnung Sozialer Dienste und interkulturelle Kompetenz. Stationen auf dem Weg zu einer Gesellschaft der Vielfalt. In: A. Teichler u. N. Cyrus (Hrsg.): Handbuch Soziale Arbeit in der Einwanderungsgesellschaft. Frankfurt a. M. (Brandes u. Apsel).
„Soziale Arbeit als systemische Praxis“. Themenheft *Kontext* 36 (2)/ 2005.
Sozialpädagogisches Institut im SOS-Kinderdorf e.V. (Hrsg.) (2005): Hilfeplanung – reine Formsache? München (SOS-Kinderdorf e.V.)
Spangler, G. u. P. Zimmermann (Hrsg.) (1999): Die Bindungstheorie. Stuttgart (Klett-Cotta).
Sperling, E. et al. (1982): Die Mehrgenerationen-Familientherapie. Göttingen (Vandenhoek u. Ruprecht).
Staub-Bernasconi, S. (1994): Soziale Probleme – Soziale Berufe – Soziale Praxis. In: M. Heiner et al.: Methodisches Handeln in der Sozialen Arbeit. Freiburg i. B. (Lambertus).
Staub-Bernasconi, S. (1995): Systemtheorie, soziale Probleme und Soziale Arbeit: lokal, national, international. Bern/Stuttgart/Wien (Haupt).
Stevens, J. O. (1975): Die Kunst der Wahrnehmung. München (Kaiser).

Stierlin, H. (1972): Das Tun des Einen ist das Tun des Anderen. Frankfurt a. M. (Suhrkamp).
Stierlin, H. (1974): Eltern und Kinder im Prozeß der Ablösung. Frankfurt a. M. (Suhrkamp).
Stierlin, H. (1977): Familientherapeutische Aspekte der Übertragung und Gegenübertragung. *Familiendynamik* 2 (3): 182–196.
Stierlin, H. (1982): Delegation und Familie. Frankfurt a. M. (Suhrkamp).
Stierlin, H. (1990): Zwischen Sprachwagnis und Sprachwirrnis. *Familiendynamik* 15 (3): 266–275.
Stierlin, H. (1992): Nietzsche, Hölderlin und das Verrückte. Heidelberg (Carl-Auer).
Stierlin, H. (1994): Ich und die anderen. Stuttgart (Klett-Cotta).
Stierlin, H. (1999): Gewissheit, Zweifel und Psychotherapie. In: H.-R. Fischer u. G. Weber (Hrsg.): Individuum und System. Frankfurt a. M. (Suhrkamp).
Stierlin, H. (2001): Psychoanalyse – Familientherapie – systemische Therapie. Entwicklungslinien, Schnittstellen, Unterschiede. Stuttgart (Klett-Cotta).
Stierlin, H. (2005): Gerechtigkeit in nahen Beziehungen. Heidelberg (Carl-Auer).
Stierlin, H. et al. (1977): Das erste Familiengespräch. Stuttgart (Klett-Cotta).
Stierlin, S. (2001): „Ich brannte vor Neugier!" Familiengeschichten bedeutender Familientherapeutinnen und Familientherapeuten. Heidelberg (Carl-Auer).
Storath, R. (1998): Elternberatung in der Schule. *Familiendynamik* 23 (1): 60–80.
Symalla, T. u. H. Walther (1997): Systemische Beratung schwuler Paare. Heidelberg (Carl-Auer).
Teichler, A. u. N. Cyrus (Hrsg.): Handbuch Soziale Arbeit in der Einwanderungsgesellschaft. Frankfurt a. M. (Brandes u. Apsel).
Thiersch, H. (1992): Lebensweltorientierte Soziale Arbeit. Weinheim/München (Juventa).
Thiersch, H., Grunwald u. Köngeter (2002): Lebensweltorientierte Soziale Arbeit. In: W. Thole (Hrsg.): Grundriss Soziale Arbeit. Opladen (Leske + Budrich).
Thole, W. (Hrsg.) (2002): Grundriss Soziale Arbeit. Opladen (Leske + Budrich).

Tomm, K. (1994): Die Fragen des Beobachters. Heidelberg (Carl-Auer), 4. Aufl. 2004.

Trenkle, B. (2005): Die Löwen-Geschichte. Heidelberg (Carl-Auer), 4. Aufl.

Trepper, T. S. u. M. J. Barrett (1991): Inzest und Therapie. Dortmund (Modernes Lernen).

Trommel, M. J. van (1991): Das Selbst in der Systemtherapie. *Zeitschrift für systemische Therapie* 9 (1): 43–52.

Watzlawick, P. (Hrsg.) (1981): Die erfundene Wirklichkeit. München (Piper).

Watzlawick, P. et al. (1972): Menschliche Kommunikation. Bern/Stuttgart/Wien (Huber).

Watzlawick, P. et al. (1974): Lösungen. Bern/Stuttgart/Wien (Huber).

Weiss, T. (1988): Familientherapie ohne Familie. München (Kösel).

Welzer, H., S. Moller u. K. Tschuggnall (2002): „Opa war kein Nazi." Nationalsozialismus und Holocaust im Familiengedächtnis. Frankfurt a. M. (S. Fischer).

Willi, J. (1975): Die Zweierbeziehung. Reinbek (Rowohlt).

Willi, J. (1985): Ko-Evolution. Die Kunst des gemeinsamen Wachsens. Reinbek (Rowohlt).

Willi, J. (1991): Was hält Paare zusammen? Der Prozeß des Zusammenlebens in psycho-ökologischer Sicht. Reinbek (Rowohlt).

Wnuk-Gette, G. u. P. W. Wnuk (1995): Von der familienorientierten Hilfe zu einem systemischen Beratermodell im Ortenaukreis. Nachrichtendienst des Deutschen Vereins für öffentliche und private Fürsorge 75 (6): 228–232.

Wnuk-Gette, G. u. W. P. Wnuk (1997): Systemisch-integrative Familientherapie/-beratung in sozialen Diensten. System Familie 10 (2): 81–87.Wnuk-Gette, G., W. P. E. Wnuk u. G. Fischer (2005): Die Familienorientierung als grundlegende Perspektive in einem kommunalen Jugendhilfenetzwerk. In: W. Ritscher (Hrsg.) (2005b): Systemische Kinder- und Jugendhilfe. Anregungen für die Praxis. Heidelberg (Carl-Auer).

Wynne, L. C. (1976): Über Qual und schöpferische Leidenschaft im Banne des „double-bind" – Eine Neuformulierung. *Familiendynamik* 1 (1): 36–58.

Zeig, J. K. (1995): Die Weisheit des Unbewussten. Heidelberg (Carl-Auer) [Neuaufl. (2002): Einzelunterricht bei Erickson. Hypnotherapeutische Lektionen bei Milton H. Erickson.]

Über den Autor

Wolf Ritscher, M. A., Dipl.-Psychologe, Dr. phil.; seit 1988 Professor für Psychologie an der FH Esslingen – Hochschule für Sozialwesen; freiberuflicher Systemischer Therapeut, Psychodramatherapeut und Supervisor; Dozent am „Institut für Systemische Therapie und Sozialarbeit (ISTS)" in Waiblingen; Arbeits- und Interessensschwerpunkte: Systemische Sozialarbeit, Systemische Paar- und Familientherapie, Therapie und Sozialarbeit im gesellschaftlichen Kontext, „Erziehung nach Auschwitz" – ein Projekt der HfS Esslingen, Psychologie und psychosoziale Folgen des Nationalsozialismus und anderer politischer Terrorsysteme. Mitherausgeber der Zeitschrift Kontext (DGSF – Verlag Vandenhoeck & Ruprecht); Autor zahlreicher Fachartikel und Fachbücher, darunter *Systemische Modelle für die Soziale Arbeit* (2. Aufl. 2005) und *Systemische Kinder- und Jugendhilfe* (2005).

Kontakt: ritscher@hfs-esslingen.de